果《か》因《いん》説《せつ》

意識の転換で未来は変わる

西園寺昌美

白光出版

果因説　意識の転換で未来は変わる

目次

自分の蒔いた種（前生の因縁や今生の自分の言動行為）は必ず自分が刈り取らねばならないという因果応報の法則を因縁因果律といいます。この因縁因果律を超える方法として、私は果因説を提唱しています。

果因説とは、自分が望む（結）果を心に描き、言葉に出すなどして未来に刻むことによって、現象界にその（原）因が引き寄せられ、やがて自分が望む（結）果がもたらされるという説です。

果因説

意識の転換で未来は変わる

果因説——二十一世紀の意識変革

『ザ・フナイ』二〇一二年四月号（船井メディア刊）より

平和な社会を創るための意識変革

二十世紀において、この地球に平和な社会を創るため、また自らが幸福になるために、私たち人類が願い、目指してきたことは、戦争や貧困や飢餓をなくすこと、食糧を分配すること、科学技術を教え導くこと、政治・経済を発展させること、自然破壊を食い止めること……でした。そのために、過去多くの指導者や専門家たちが多岐にわたり出来る限りの方法を編み出し、努力を重ねてきました。しかし、それらによって人類に真の平和や幸福がもたらされたことはありませんでした。なぜならそれらは対症療法に過ぎなかったからです。

人類は今、根本的な解決法を必要としています。即ち意識変革を必要としているのです。どんなに戦争を止めさせても、自然破壊を食い止めても、人類の意識が変わらなければ、また同じことが繰り返されてしまうからです。

人類の意識が変わり、自分に関わるすべての事柄をポジティブに捉えるようになれば、戦争も貧困も飢餓も、自然破壊もなくなります。すべてが自然に調和へと導かれ、平和な社会が築き上げられてゆくのです。

しかし今現在は、多くの方々が、ネガティブな思考に把われてしまっています。

ここで、一人一人の思考がポジティブかネガティブかを知る指標として、幾つかの例を挙げてみたいと思います。

「もう半分しかない」と「まだ半分もある」。

「もう歳だからそんなことは出来ない」と「まだそんなことが出来なくなるほど歳を

とってはいない」。

「残りの人生の最後の日」と「今日は私の残りの人生の最初の日」。

「もう明日はない」と「まだ明日がある」。

「余生あと十年しかない」と「余生まだ十年もある」。

「足が動かない」と「まだ手が使える」。

この二通りの言い回しは、全く同じ状態です。しかし明と暗、＋《プラス》と－《マイナス》、積極的と否定的な考え方に分かれます。

あなたは日頃、一体どちらの考え方をしておられるでしょうか。もしすべてが暗く否定的な考え方だったら、随分毎日が憂鬱《ゆううつ》で息苦しく、希望のない人生を送っているに違いありません。そのような方が、今現在、この地球上に多くいるのです。

次に、なぜ多くの方が、否定的な考え方をしてしまうのかを考えてみましょう。それは心の中に、未来に対するさまざまな不安や恐怖が潜んでいるからです。

その不安や恐怖の第一は「死への恐れ」です。自分はいつ死ぬのか、どんな死を迎えるのか、嫌だ、死にたくない……多くの人が常に死の恐怖と闘っていると言っても過言ではありません。

次に抱く恐れとは「人間関係への恐れ」です。夫婦、親子、兄弟姉妹、友人、知人、隣人、上司、親戚関係など……生きてゆく上で、人との関わりは欠かせないものであり、そのため誰もが幼少時からかなりの比重を人間関係に置いています。

さらに人々は「病気への恐れ」、「老いることへの恐れ」、「不幸になることへの恐れ」、「貧乏になることへの恐れ」、「地位や名誉がなくなることへの恐れ」、「家族の絆をなくすことへの恐れ」など、種々さまざまな恐れを抱えて生きています。人々は自らの恐れを心の奥底にしまい込み、あたかもそれらを忘れ去ったかのように、日々振る舞っています。しかし、それらはある日、突然表面化してくることがあります。恐れたことが現実となって現われ、そして人はその恐怖が自分の心をますます占領してゆくことを恐れるのであります。

因果律がもたらす恐れや不安

なぜ人はこんなにも恐れを抱えたまま生きているのでしょうか。

それは自分の未来が見えず、いつ何が起きるか分からないと思っているためです。それればかりか、自分はいつか過去にしたことの報いを受けると頑《かたく》なに信じてしまっているのです。

これは「原因があって後に結果が生じる」という因果律に起因します。この因果律という言葉をご存知の方は多くおられると思いますが、因果律とは、一切のものは原因があって生起《せいき》し、原因がなくては何物も生じないという法則です。

例えば、結婚したので子どもが生まれた。妻が仕事を持ち忙しくなったため、すれ違いが始まった。すれ違いが続いたため、夫が浮気をした。夫が浮気をしたので離婚した。これらは原因があって結果が生じているわけです。

この世の中に生じているさまざまな事柄はすべて、因果律をもって説明することが出来ます。原因があって、結果がある。過去に蒔《ま》いた種は、いつかは果となって現われる。その結果がいつ自分の人生に現われてくるか、見えない未来に不安や恐怖を抱いてオドオド生きている――これが現代人の姿であると言えましょう。

恐れを抱いて生きている人の内面を見てみると、彼らは自分の欠点を摑み、自信を失い、劣等感を抱き、ネガティブ思考で生きています。そして現実になってほしくないことを恐れるあまり、その通りの現実を自らに引き寄せてしまうのです。そのような人々にも必ず長所や才能、また他の人にはない優れた部分があるにもかかわらずです。

人は誰も完璧なるものを内在させています。誰もが内に本来の叡智、能力、美、直観、可能性等を備えているのです。本来、欠点を克服することにエネルギーを注ぐよりも、自分の長所を最大限に活かすことのほうが、どれだけ人生が明るくなるか計り知れません。先ほども挙げましたが、「もう半分しかない」と「まだ半分もある」。全く同じ状況でも、未来に目を向けるだけで人生は好転に向かうものです。それを、失われてしまったものや自分の欠点、自分のネガティブな面に執着するあまりに、しなくてもよい嫌な体験や失敗を自らの意志で引き寄せ、その恐れの体験を繰り返しているのであります。

このように人々が不安や恐怖にエネルギーを与えつづけ、それらを現実化させてきたことにより、人生に生じる現象はすべて因果律として処理されてきました。人類は長い間、この因果律を何の疑いもなく受け入れ、それらに翻弄されて生きてきたのです。

しかし、二十世紀まで続いていた因果律は、二十一世紀においては果因説へと移行してゆくのです。

この果因説を理解し、実践することにより、人々は真の幸せを見出してゆけるのであります。なぜなら果因説とは、自分自身の内なる輝きや本来持っている資質、エネルギーを引き出し、それによって希望に満ちた自分の未来を創り上げてゆく方法であるからです。この果因説は、過去の因縁因果の法則を超越して生きられる方法ですから、これが判れば、過去に縛られる必要が全くなくなるのです。そして自分の現在、未来をいかようにも創り変えることが出来るのであります。

因果律と果因説の違い——原因が先か、結果が先か

たとえばお金があれば私は幸福になれる。愛する人にいつも寄り添っていられれば私は一生幸せである。この場合、因果律でいくと、「お金があれば」が原因で、その結果が「幸せ」です。「愛する人にいつも寄り添っていられれば」が原因で、その結果が「幸せ」である、ということになります。

ところが私の説く果因説は、先に結果をイメージし、創り出すことによって、自ずと原因がそれに従ってくるという法則による方法なのです。この法則でゆくと、結果は自分自身の心の中にあるということになります。有限なる物質世界に焦点を合わせるのではなく、すでに心の中にある無限なるものに心の焦点を合わせてゆくのです。

私たちにとって、結果を先に創り出すことのほうがずっと簡単なのです。なぜなら、それらは私たちの心の中にすでに自分の素晴らしい資質として存在しているのですから。私たちが本来持っている無限なる愛、健康、幸福……それらに心を合わせていれば、自

然に原因がそれについてまわってくるのです。

私たちにとって結果が先なのです。無限なる繁栄が先にあるのです。無限なる調和によってすでに心の中が満たされているのです。すると自分の心の焦点に合うように、自然に調和してゆくような環境が現われてくるのです。

まず自分を認めることです。今までは「もう歳だからそんなことは出来ない」と思うことが習慣になっていたかもしれません。それを「まだそんなことが出来なくなるほど歳をとってはいない」という思いに切り換え、自分の素晴らしい資質に目を向けてゆくことです。心の中に幸せが呼び覚まされていれば、その心の持つエネルギーによって、幸せになる原因となるすべてのものが、物質も、人間関係も、自然についてくるのです。

すべての結果は自分自身の中にある——因果律から果因説にシフトするには、まず最初にこのことをよくよく知る必要があります。

因果律と果因説の違い——過去↓現在↓未来か、未来↓現在↓過去か

次にあげる因果律と果因説の違いは、「過去↓現在↓未来」という因果律の流れに対して、果因説の流れでは「未来↓現在↓過去」であるということです。

因果律では、現在起こることは過去の因が決めている、つまり「過去↓現在」という全体の流れがあります。

病気に例えると、「過去してきたさまざまなことによって、現在病気になることがすでに決まっていた」というように、過去に起こった一つのことが原因となり、次々と玉突き式に結果となって、現在の病気が現われる。そして現在の病気がまた新たな因となり、「現在↓未来」という流れに乗って、未来の結果となってゆく。これが因果律の流れです。

この考え方でゆきますと、過去からやってくる病気に対して、現在や未来では何一つ打つ手がなく、ただ黙って受け入れるしかないということになります。現在も未来も過

去に起こったことから生じる必然であって、もし過去に別の選択をしていれば今病気にならなかったかも知れないが、過去に戻って過去の選択を変えることが出来ない以上今も変わらない、今が変わらなければ未来も変わらないということになります。これでは、人間には全く自由意志がないということになってしまいます。

しかし果因説では、「未来→現在」という流れに乗って、未来の結果を先に創り出すことが出来るのです。

例えば、川は川上から川下へと流れています。今現在自分は川の中にいて、傍《そば》に落ちていた葉っぱに希望や夢を、現実に現われるよう書き込むとします。それを放り投げます。川下のほうに放り投げたら、その希望の葉は永遠に自分のところへは戻ってきません。自分の手から放たれた瞬間からどんどんと川下のほう（即ち過去）へと流れ去っていってしまいます。結果、その希望は自分の手には戻りません。

だからこそ投げる時には、必ず川上に向かって（即ち未来の希望のビジョンを見て）、投げるのです。その希望の葉は川上のほう、即ち未来へと放たれて、そこから次第に川下へと流れてゆきます。そして今、ついに現地点の自分のところに、何年か、何ヵ月か、何日か前に投げ込んだその希望の葉が戻ってきて、自分の前を通り過ぎようとしています。それを自分がキャッチすることにより、希望していたことが現実に顕現されるのです。

時間は未来から現在へとやってくるのです。そして毎日のように、思い出すたびに繰り返し繰り返し希望の葉を何十枚、何百枚、何千枚、何万枚と未来に投げ込みつづけると、いつの日か、宝くじのようにそのうちの数枚が、必ず自分の前に現われ、現実となるのです。

従って、まさに今の瞬間、自分の未来に対する希望や輝かしい人生の設計図を強く思い描き、「絶対大丈夫！」「必ず出来る！」「すべては可能である！」「すべては完璧！」「欠けたるものなし！」「必ず成就する！」……などという想いや言葉を繰り返すことにより、それが現実となって現われるのであります。

時間は未来から現在、現在から過去へと流れているのですから、今この瞬間、未来について思ったこと、考えたこと、語ったことの成就は、いずれ現在にやってくるのです。ですから今現在、この瞬間、未来の希望を繰り返し、繰り返しインプットすることにより、それが次々に現在へと流れてくるのです。そしてそのうちの数枚の葉（未来に投げかけた希望のビジョン）を、自分がキャッチする瞬間が必ず来るのです。これが果因説です。

今までのような、過去の原因を突き止め、悪い種を一つ一つ暴き出し、それを排除しつつ上り詰めてゆくやり方は、過去のマイナス（川下）に意識が集中するため、目的達成が容易ではありません。しかし、過去の因縁に由来する因果律に心縛られず、憂えず、今の瞬間、未来（川上）に向かって自らの意識を高めるという果因説に切り換えると、自らに内在する素晴らしい資質が目覚め、人生は好転するのです。

因果律から果因説へ——素晴らしい実例

これは実際にあった話です。昨年私はユネスコ総会のためのフォーラムに出席するためフランスに行きました。そこにフランス在住の知人がボランティアをしに来てくれました。

その折、彼女の実体験を聞きました。それはまさに果因説そのもの、彼女は自らの意識と強い信念と見事な見識により、病を克服し成就させたサクセスストーリーを話してくれたのです。そしてそれは、いかなる人の肉体にも自然治癒力、無限なる素晴らしい力が備わっていることの証明でもありました。

彼女はある日、病に倒れて床に伏したまま、歩けなくなりました。もちろん病院には行きましたが、原因不明とのこと。しかし、彼女自身は若いころから自然治癒力を信じていたそうです。そこで、自らが自らの肉体を癒そうと決意しました。

最初は寝返りを打つことさえ辛く困難な状態でありました。しかし彼女は果因説を実行するのに最もよいチャンスとばかりに、未来の希望を夢に描き、努力、忍耐し、前向きな思考を自らに強《し》いました。それは自分との戦いで、毎日が苦しみと痛みによる試練の連続だったそうです。

ですが、その間、どんなに苦しく痛く辛くとも、決して諦めることなく、マイナス思考は余り出なかったとのことです。その代わり、さらに意識を集中し、ポジティブ思考を続け、決して断念しない、放棄しない、すべては必ずよくなる、絶対大丈夫、成就と思いつづけ、果因説を実行しつづけたとのことです。

はじめに、彼女は夢と希望に満ちた、目標とする自分の姿——健康体になったという成就の全体像を思い浮かべました。その後は目の前の小さな一歩に希望を託しつづけ、それを現実に顕現していったそうです。

彼女は寝返りを打つところから始めましたが、その第一歩がすでに苦痛でした。寝返りはおろか身体を少し動かすだけでも全身に激痛が走り、悲鳴を上げるほどだったそうです。それでも彼女は決して諦めませんでした。少しずつ少しずつ、意識も肉体も繰り返し繰り返し、前向きに努力、忍耐をし続け、そしてポジティブ思考に徹した結果、ついには寝返りが打てるようになったのです。夢の第一歩が成就しました。

次はベッドから立ち上がることに挑戦しました。これも歯を食いしばり、何度も何度も立っては転び……そしてついに立てるようになりました。

次のステップはトイレに一人で歩いてゆくこと。これもまた、足を踏み出すのに大変な努力と時間を要しましたが、焦らず一歩一歩足を踏み出すことに意識を集中し、歩くことのみに専念し、それもついに成就。

次に残された課題は、一人で外に出るということ。これもリハビリ訓練を片時も怠ることなく繰り返した結果、ついに玄関の外に出られたのです。これもクリアー。

一番最後の大きなステップは、外に出て自分の家から近くの電信柱まで歩いてゆくことでした。これは本当に大変だったと彼女は言います。普段なら五分のところを一時間くらいかかったそうです。……が、ここまで来ると、第一歩から順次すべてを見事にクリアーできたという自信と確信が募り、とうとう果因説が自分のものとなり、習慣となって身に付き、だんだん楽になっていったとのことです。

そして病気になって以来初めて、杖《つえ》をつきながらも自分一人で電車に乗って、ユネスコ本部にまでやってきた、と涙ながらに語ってくれました。彼女の崇高な意識、輝いた笑顔は本当に美しく、自信と誇りに満ちた言動は凛として素晴らしいもので、私はその時、彼女からすべてを学んでいました。そして感謝しお礼を言っていました。何とすごい方でしょう!? 何と強い信念を持った方でしょう!? 果たして私は出来るだろうか……。

彼女は果因説を実行し、証明してくださったのです。自らの思考をマイナスからプラスに変えただけで、絶望感から抜け出し、生きる希望へと変わっていったと断言してくださいました。

常に意識を明るい方向に働かせる

確かに常に目の前に生じる現象や結果に一喜一憂し、もう出来ない、苦痛だ、重荷だ、耐えられないという意識を持ちつづけていたならば、なるものもなりません。そのショックが何度も重なれば、ついには諦めの境地へと繋がってしまいます。

ところが、果因説のように「必ず出来る」「私は颯爽《さっそう》と輝いている。以前にも増して幸せな毎日を送っている」等、明るく輝かしいビジョンを自らが掲げ、その目標に向かって努力してゆくならば、打てなかった寝返りも必ず打てるようになり、歩行練習が出来るようになるのです。そしてその積み重ねにより、自らが自らを導いているという自立した意識と真の喜びが、自らを引き上げてしまうのです。

意識とは、このように自分が思う通り、自由自在に働くのであります。意識には限界がないのです。ですから意識を、常にすべてが調和することのみ、プラスのみ、ポジティブのみに働かせることが大切なのです。

因果律のように、自分が過去に蒔いた種の責任を取るために、その因の結果に引きずられ、巻き込まれ、自分を責め、自分を否定し、自分を裁く方法は、全く光の見えない、闇の深いマイナス思考そのものです。

それに対して果因説は、たとえ過去の原因が現象面に悪い結果として現われたとしても、その対処の仕方がすべて光明的、ポジティブな方法なのです。「これが過ぎればすべてよくなる、必ずよくなる、絶対大丈夫……」といった未来に意識を集中してゆく方法なのです。否定的想念やマイナス思考をそこに持ち込まないのです。

今まで人々は、あまりにも過去に把われていました。そして、今という地点から過去を見つめ、「過去にしてしまったことは、いつか結果として現われる」と、その時が来るのを受動的に恐れつづけてきたのです。しかしそうではなく、今という地点から未来を見つめ、「今、着々と創り上げている未来が、やがて目の前に現われる」と能動的に捉えることにより、人生は変わります。今、明るいことを思ったからには、未来のどこかでそれを体験することになるのです。

過去に把われる必要はありません。

過去の体験によって磨かれ成長した自分が、今の瞬間、新しい未来を創っている、そこに意識を向けるのです。あなたが過去にしてきたことは、あなたがこれから創造する未来に比べたら、比較にならないほど価値がありません。

人間にとって過去は現地点に至るまでのプロセスです。今まさに現地点に立っている以上、もう過去はいりません。未来を向いて生きるのみです。

果因説による二十一世紀の意識変革

私たち一人一人に与えられている「選択の自由」。あなたは今、どのような生き方を選択しますか？

「今の自分は過去に支配されている」と思うのか、それとも「今、自分は新しい未来を創造している」と思うのか。

「もう半分しかない」と思うのか、それとも「まだ半分もある」と思うのか。

今こそ固定観念を変える時です。私たちが率先して、果因説により人類の新しい未来を創造しようではありませんか。

二十一世紀、人類一人一人は、自らが想像し、創造した世界を生きてゆくのです。そこは過去の歴史が繰り返してきたようなネガティブな世界ではなく、完全なるポジティブな世界、光り輝く世界、自由な世界、至福の世界です。

これまでの話でおわかりのように、果因説では、幸福でありたいと願うならば、まず第一に幸福である自分自身を想像するところから始まります。「幸福になりたい」と願うのではなく、「私はもうすでに幸福である」と、幸福の成就した未来像を想像するのです。「幸福になりたい」という願望は、幸福ではない状態を認めていることになるからです。この時、今の状況がどうであれ、また自分の過去がどうであったにせよ、自分の今までの古い固定観念を捨てて、全く新しい光明の意識に転換させるのです。輝かしい結果を先に摑むわけです。

果因説は、自らに内在している素晴らしい資質、本来の幸福に心の焦点を合わせ、引き出す方法ですので、念力とは異なります。また他の人の幸せを奪うわけでもありませんので、誰のことをも不幸にしないのであります。

そして、その本来の幸福に焦点を合わせた自分が、自分自身に宣言するのです。「私は幸福です。心から自分を愛し、信頼しています。そして私に本来備わっている能力をもって、輝いた未来を創造します。人のために役立つ生き方をしてゆきます」。この意識変革によって、自分が思うような状況が万事調い、次第に築き上げられてゆくのです。

さらにその意識を持続させることで、思った通りの未来に行き着くのです。それが現実になるのです。

自らの意識こそ、エネルギーそのものだからです。そしてこのエネルギーこそが、世界を創り出す原点です。

つまり果因説とは、自らが自らを信ずることから始まるのです。そして自分を含めて人類は皆、善なるものであるという性善説からすべてを始めてゆくのです。性善説を肯定することによって、人類の輝かしい未来を創造することが出来るのであります。

私たちはもっと自分の生命そのものに対して、敬意を表さなければなりません。自らの存在そのものに対して絶対なる権威を持たなければならないのです。人類は本質的に誰もが皆、善なるものだということを知ることによって、初めて自分が自分を赦すことが出来るようになります。自分が自分を本当に赦すことが出来ると、人も自然に赦すことが出来るようになります。聖書の譬《たと》えのように「罪を憎んで人を憎まず」の通りなのであります。

自らの人生を輝かしく進化創造してゆくためには、まずいかなる自分であろうと、そのまま素直に受容し、果因説に則って生きることが必要なのです。そして、その素晴らしい自分が人類すべてを愛し、尊敬し、共に世界を平和に導いてゆくのであります。

二十一世紀、人類のすべてが果因説に意識を変革することによって、人類の未来は破滅ではなく救済へと導かれてゆくのです。

私たちの人生は未来にあって、過去にはないのであります。

あなたの遺伝子の中に一切の英知が組み込まれている

『白光』一九九〇年十二月号より

生きてゆく上で最も重要なこと

あなたの遺伝子の中には既に、あなたの一生を貫き通して生きぬくための全智全能なる偉大なる働き、芸術、知恵、健康、繁栄、幸福など一切が組み込まれています。今のあなたの一つ一つの遺伝子の中にはっきりとプログラミングされているのです。現在のあなたにとって、それを理解することが、この世を生きてゆく上で最も重要かつ大事なことなのです。

それこそ、生まれた時から、あなたの欲するもの、希望するもの、願うもの、すべてが組み込まれています。ここにおいて、あなた自身に内在するそれら一切のもの、英知、健康、才能、能力等を一生を通して、あるいは人生の過程において、引き出し、この世に現わしてゆくことこそが、人間としてドラマチックな人生を展開させてゆく最高の方法なのです。

外にそれらを見出そうとして探し求めても得られるものでもなければ、人から与えられるものでもありません。ましてや神や天が授けるものでもありません。もう既にあなたの中に、遺伝子の中にはっきりと組み込まれて存在しているのです。

それらを自分の人生の上にうまく引き出してゆくか否かが、人それぞれの運命の決定的な分岐点となってゆくのです。成功―失敗、繁栄―衰退、幸福―不幸、健康―病気、これら一切のことは、すべて自分の責任において生じたものであって、他を恨むことも、他を責めることも許されないことです。何故ならば、不幸にしても、病気にしても、孤独にしても、苦悩にしても、本来自分の欲せざることが、現に自分の目の前に生じてしまっていたら、それは、自らが自らの遺伝子に組み込まれている一切の才能を自分の上に引き出すことをしなかったか、あるいは、自分に内在しているそれら一切の全智全能なる英知を認めることなく、理解することなく終わってしまったかのどちらかだからです。

野に咲く花、大自然の中にたわむれる動物たちを見てみてください。彼らとてまったく我々と同じで、この世に生まれる前に既に親から受け継いでいる遺伝子の中に組み込まれた一生を、そのまま素直に天命として受けて生きているのです。彼らは自分に内在している本能をそのまま受けて、大自然の中にとけ込んで生きています。赤い花を咲かせ、黄色や白の花を咲かせ、風に揺れながら、自らの生命を自然に任せきって生を完うしているのです。赤い花が赤い花になるように、赤い色の色素が、その花の遺伝子の中に組み込まれているのです。

空に舞う鳥たちを見てみてください。美しいきらびやかな羽をひろげてスイスイ舞い飛ぶ小鳥たちそのものも、その形、その色、その飛び方、えさの捉え方、これら一切を誰から教わることもなく、自然に遺伝子の中にプログラミングされた、約束通りの生き方を示しているに過ぎません。

蝶の卵が幼虫となり、それが蛹《さなぎ》となって蝶に生まれ変わる、これらの一生を通して、実に偉大なる働きが遺伝子に組み込まれているのです。

彼らは、別にむつかしいことを考える必要はないし、頭を必要以上に使うこともありません。おおよそ努力を要求されることもなく、ただ自然界にとけ込み、自然界の一部分となって、生かされて生きているのです。

ところが人間となると、単純にいかないのです。これら大自然界に生きる動物、植物、鉱物、一切と違って自然に生きていません。すべてのことをわざわざ複雑にからませ、入り組ませて生きています。知識のみが先行し、肉体がそれに付いてゆけない状態がほとんどなのです。我々すべての人間に内在している素晴らしい感受性、直観力、危険な毒物に対する的確な反応、動作、美意識などなど、内のみの要求に自然に任せていれば、苦労もなく、失敗もなく、自然に通り抜けていけるものを、なまじの知識や経験で判断を下すため、自然に逆らい、直観に逆らい、反応を鈍らせ、思いもかけない方向へと自らを導いてゆきます。その結果、不安で不幸な道へと自らを追いやってしまうのです。

あなたの中に、あなたの遺伝子の中に、一切の英知、全智全能なる力が既に組み込まれていることを、ここで改めて認識していただきたいと思います。これは特別な人、たとえばノーベル賞を貰った人などの遺伝子について説いているのではありません。偉大な科学者の遺伝子、偉大な政治家や実業家の遺伝子、偉大な芸術家の遺伝子が特別なのではありません。彼らは自らの中に既に組み込まれているあらゆる才能を、自らが認め、自らの上に、この世に現わしたに過ぎないのです。これらの偉大な人々の遺伝子も、我々普通一般の人々の遺伝子も何らの差異はありません。ただ、これらの遺伝子に組み込まれている一切の英知を認識し、それらを実際に自分の人生の上にどれだけ引き出して使ってゆくか、否かの違いだけなのです。偉大なる科学者や芸術家たちは、皆それに気づいて、理解し、努力して、それらの才能を自らの中から引き出して導いていった結果なのです。

ですが、我々は、それら一切の英知が内在していることに気づかず、現われている肉体がすべてのすべてだと思い込み、信じ切っているため、あくせくあくせく、働いても働いても、努力しても努力しても、忍耐に忍耐を重ねても、自分の思うようにならない人生を繰り返しているのです。

さあ、今これから、あなたの中に眠っている一切の英知を認め、それを目覚ましてゆくことが、あなたが置かれている今の環境、今の立場、今の状態、今の苦労から脱け出してゆく最善の方法なのです。

自らの内にある英知に目覚めよ

あなたには、才能がないのではありません。あらゆる面に秀でた才能が、もう既にあなたの遺伝子の中に組み込まれているのです。

あなたは、美意識がないのではありません。研ぎ澄まされた美に対する感覚が、もう既にあなたの遺伝子の中に組み込まれてあるのです。

あなたは、記憶力が悪いのではありません。もう既に何でも吸収できる記憶力が、あなたの遺伝子に備わっているのです。

あなたは、芸術感覚がないのではありません。情緒豊かな芸術性に富んだ能力が、もう既にあなたの遺伝子の中に潜んでいるのです。

あなたには、理数系の能力がないのではありません。緻密な理数系の才能が、あなたの遺伝子の中に組み入れられているのです。

あなたには、文化系の能力がないのではありません。情緒豊かな文化系の才能が、あなたの遺伝子に組み入れられているのです。

あなたは、運動神経が鈍いのではありません。素晴らしい運動神経が、もう既にあなたの遺伝子の中に組み込まれているのです。

あなたは、健康を保つことが出来ないのではありません。強力なる自然治癒力が、既にあなたの遺伝子の中に組み入れられているのです。

このようにして、今のあなたが、自分の肉体を構成している何億、何十兆の細胞の一つ一つに、神が大いなる英知を組み込んでくださっておられる、その事実に気がつかねばなりません。その英知をそのまま放っておいては勿体ないのです。その英知を目覚めさせなければ、自分自身に対して申し訳ないことです。誰もが、この素晴らしい驚異的な事実に、一日も早く、いや一刻も早く目を開かなければならないのです。人類七十億の人々が皆、この真理に目覚めなければならないのです。さもなくば、あなたの人生は無駄骨に終わってしまいます。あなたの天命は完うできずに、この世をさ迷い歩く哀れな一生となるでしょう。

こんな素晴らしい無限なる能力が一人一人の遺伝子に組み込まれているというのに、それには一瞥《いちべつ》も加えずに見過ごしてしまっていたのです。今からでも決して遅くはありません。この不可思議なる身体、崇高なる肉体、緻密にして神秘なる器、この肉体一つをとってみても、我々の力ではどうあがこうとも、何一つ自分の意志で動かすことも、新しく造り出すことも出来ないのです。すべての内臓を動かすことも、血液の濃度を一定に保つことも、食べ物を栄養に変えて、そのかすを大小便として出すことも、我々の知識や力では何一つ出来得ません。身体一切のことは、すべて身体の中の組織に任せる以外に何の方法もないのが現状です。

我々がどんなに力や知識を駆使しても出来得ない身体の中を支え動かしているものとは、一体何なのでしょうか。その一切を動かし、調和させ、働かせている力が我々の中には存在しているのです。それをいち早く素直に認めることで、より豊かな、よりよい生き方を生きることが出来るのです。

我々の中には、これら一切のあらゆる力、能力、英知が秘められていたのです。それを思うとなんと有り難いことか。また、なんと勿体ないことか。それらの事実に目覚めずして今日まで当てもなくさ迷い、苦しみ、悶えつづけてきたのは一体、何だったのでしょうか。余りにも馬鹿気た、無駄な生き方ではなかったでしょうか。真理がわからず、誰しもが同じように歩んでゆこうとする世界。先駆者が辿ってきた道、我々の前に示された道を、我々は改めようともせず、疑おうともせず、不思議とも思わず、ごく当然のようにその道を歩みはじめています。道徳や教えを尊び、常識的な考え方を守り通そうと懸命に歩んでいる道。自分の外に神を見出し、自分の外に成功を追い求め、自分の外に幸福を追いかける我々の生き方。

だが、しかし、すべて一切は逆だったのです。自分の中に神が存在し、自分の中に成功が、繁栄が存在し、自分の中に幸福が既にあったのです。何をどう間違いをおかしてしまったのでしょうか。何をどう倒錯してしまったのでしょうか。我々には、何が何だかさっぱりわからないといったのが現実でしょう。

このようにして、今までこの世を動かしてきたものは、誤解と錯覚であったのです。真理は我々の遥か遠くに存在し、未だこの世に、また一人一人の心の中にはっきりと根を下ろしきっていなかったのです。すべてが我々の誤解と錯覚であったのです。誤解と錯覚とがこの世をまかり通っていたにもかかわらず、誰一人として気づかずに、すべてを当然の如くに受け入れてしまっていたのです。だから、聖者や賢者や偉大なる先駆者たちが、いくら真理をこの世に降ろしてみても、大多数の人間が誤解と錯覚の、真理が倒錯された世界において迷った生き方をしていたならば、この世は依然として変わる筈もないのです。

モーパッサン『首飾り』より

誤解といえば、昔私が読んだモーパッサンの短編小説の一つ『首飾り』を思い出します。

今ここに、その小説の大意を書き記《しる》したいと思います。

安月給取りの家庭などに案外垢ぬけした美しい娘さんがいるものだが、彼女もそんな一人だった。持参金もなければ、遺産の目当てもあるわけではない。いわんや、金持ちの立派な男性に近づき、理解され、愛され、求婚される、そんな手づるのある筈もなかった。結局、文部省の小役人と結婚してしまった。

もとより着飾ることなど出来ようもなく、簡単な服装で間に合わせていたものの、内心では、零落《れいらく》でもしたような気がして、自分が可哀相でならなかった。彼女は自分がどんな贅沢《ぜいたく》をしても、どんな洗練された生活をしてもいいように生まれついているのに、と思うにつけ、いつもいつも寂しくて仕方なかった。今の自分の住まい、環境、一切が気にいらなかった。彼女には晴れ着もなければ、装身具もなかった。実際、何一つ持っていなかったのだ。そのくせそんなものばかりが好きだった。自分はそんなものをつけるために生まれついているような気さえしていた。それ程までに彼女は人に喜ばれたり、羨《うらや》まれたりしたかったのだ。人を惹きつけ皆からちやほやされたかったのだ。

ところがある日の夕方、夫は妻を喜ばせるために意気揚々と帰ってきた。手には大きな角封筒を握っている。それは大臣官邸で行なわれるパーティの招待状であったのだ。だが夫の期待に反して、彼女は、喜ぶどころか、さもいまいましげにその招待状を放り投げ、不平そうに言った。

「これ、あたしにどうしろとおっしゃるの！　私に何を着て行けとおっしゃるの！　あたしにはよそ行きがないでしょう。だからそんなおよばれには行けないわ」

夫は、途方にくれ、それでもなお妻が喜ぶことを考え、彼の貯めてあった貯金を全部はたいて新しい洋服を買ってあげたのであった。ところが、喜んでいた妻が、パーティが近づくにつれて浮かない顔になってきた。夫は妻にそのわけを聞いてみた。

「だって、あたしつらいわ、装身具ひとつないなんて、宝石ひとつないなんて、身につけるものがひとつもないなんて、あんまりだわ、考えたってみっともないじゃないの。あたし、いっそそんな宴会なんて行きたくない」

と応えたのであった。

夫はきらびやかな宝石よりも、美しく咲いている本物の花でも差すように言ったが、彼女は聞かなかった。

そこで思案した揚句、彼女のお金持ちの友達から借りることに気がついた。早速彼女は友達の家に行き、事情を話した。友達は、大きな宝石箱を取り出すとそれを彼女のところへ持ってきて、蓋を開け、

「さあ、好きなものを選んで」

と言った。

彼女は見た、まずいくつかの腕輪を、つぎに真珠の首飾りを。それについで金と宝石

をちりばめた見事な細工のヴェネチア製の十字架を。そして彼女はダイヤをちりばめた首飾りを選んだのであった。

宴会の当日になった。彼女は大成功だった。彼女は他の誰よりも美しかった。上品で、優雅で、愛嬌があり、歓喜に上気していた。男という男が彼女に眼をつけ名前を尋ね、紹介してもらいたがった。大臣官房のお歴々も彼女と踊りたがった。彼女は快楽に酔いしれながら無我夢中になって踊った。おのれの美貌の勝利、おのれの成功の光栄に浸りながら、男たちから受けるお世辞、賞讃、彼女の身うちに目ざめてきた欲情、女心にとってはこの上もなく甘美なこの勝利、こうしたものから生まれた一種の至福につつまれながら、彼女は夢うつつで踊るのだった。

家に帰って、首飾りが失くなっているのに気づき、二人は驚愕した。彼女が行ったあらゆる所を二人で探し廻ったが、とうとう首飾りは見つからなかった。二人は女友達から借りた首飾りと同じものを見つけ出すため、あらゆる宝石店を探し廻った。ついに、同じ首飾りがみつかった。値段は三万六千フランだった。彼は手紙を書き、ありったけの品物を担保に入れ、高利貸をはじめあらゆる種類の金融業者と関係を結んだ。こうしておのれの余生を台なしにし、果ては自分たちの身に襲いかかる暗たんたる生活を思うにつけ、今更ながら空恐ろしい気分になるのであった。

彼女が首飾りを返しに行くと、金持の女友達は、

「困りますわ、もっと早く返していただかなくては。だって、あたし入用だったかもしれないでしょう」

だが、彼女はその首飾りが替え玉であることに気づかなかった。

二人は住まいも屋根裏に間借りをし、貧乏暮らしの辛さを思い知らされるのであった。美しかった肌も爪も荒れ放題、長屋のおかみさんみたいな格好で、どこへでも出かけ、そのつど恥ずかしい思いをしても、なるべく値切っては、苦しい財布から一銭でも守ろうとした。かくしてこのような生活が十年の間続いた。十年目に高利の利息から利に利を積んだ借財まで一切合財返済した。美しかった彼女はまるでおばあさんみたいに変身してしまった。貧乏所帯が身について、骨節の強い頑固なおかみさんになっていた。髪

もろくろくとかさず、スカートがゆがんでいようが平気であった。

さて、ある日曜日のこと、彼女がシャンゼリゼを散歩していると、相変わらず若くて美しい子どもづれの金持ちの女友達に出会った。彼女が声をかけると、昔の美しい面影をまるで失ったその変わりように、友達は初め真実、彼女とは気づかなかった。

「貴女ずい分変わったわね」

それから彼女は、借金も返し終わったことだし、思いきって今までのいきさつを一切友達に話した。すると友達は、

「貴女は新規にダイヤの首飾りを買ってわたしのとかわりにしたとおっしゃるのね。まあ、どうしましょう、わたしのは模造品《まがいもの》だったのよ、せいぜい五百フランくらいのものだったのよ……」

誤解と錯覚のために人生を無駄にしていないか

ここでモーパッサンの意図としては、女の内に潜んでいる虚栄心とか見栄の醜《みにく》さ、い

やらしさをいやというほど描きたかったのに違いありません。もし彼女がその時貧しい夫から新しい洋服を買ってもらった唯そのことだけに満足し、感謝してさえいれば、こんなにみじめで耐えられないほどの不幸な一生を辿ることはなかった筈です。だが彼女は新しい洋服にもう一つ自分をさらに美しく飾りたてる宝石が欲しいと願った、その時から二人の人生は全く予期しない暗い道へと転落していったのです。

モーパッサンは、誰の心の中にも潜む心の弱さと同時に、この虚栄心のもつ破壊力のすごさを表現したのだと、以前の私はそう理解していました。しかし今の私の感じ方は昔とは少し違ってきています。私がこの作品で把えたのは、誰しもが簡単に陥ってしまう誤解と錯覚というテーマです。

金持ちの女友達が宝石を彼女の前にとり出し、どれでもよいからあなたの好きなものを持っていってよいといった時、彼女はダイヤモンドの首飾りを手にしました。その時、彼女の頭の中には、あの金持ちの女友達がまさか偽の宝石を自分の前に出してくれたのだとは、思いもよらなかったのです。考えも及ばないのです。頭から本物であると誤解してしまっていたのです。本物に違いないと錯覚を起こしてしまっていたのです。このようにして事実とは全く違ったように見たり聞いたり、感じたり思い込んだりしてしまうことによって、引き起こされる不幸なことは実にこの世には多いものです。読者の皆様方も誰しもが一度や二度は誤解や錯覚による過ちを犯してしまったり、感情を害したり害されたりしてしまった経験をお持ちになっているに違いありません。

蜃気楼もまた錯覚の一種です。熱（冷）気のために大気中で光が異常に屈折し、空中や地上に何か物が在るように見える現象です。熱砂の砂漠を何日も何日も歩きつづける旅人は往々にしてこの錯覚に陥るようです。物理現象として蜃気楼によって、周囲の景色を空中や地上に写し出してしまうものであるらしいのですが、旅人はそれを事実として受けとめてしまうのです。確かにあそこに湖があり、そのそばにヤシが生えています。あそこに行けば水が飲めると錯覚に陥るのです。はるか彼方遠くでみた蜃気楼は、事実として完全にはっきりと写し出されていたのに、近づけど近づけど湖やヤシの木はどこにもなく、現地点に到達してみるとそこには何の影も形もないのです。旅人たちはそこに確かにあると思い込んでしまったのです。

我々はこのようにして我々の尊い一生を、誤解と錯覚のために無駄に送ってしまっているのです。自分の中にすでに内在している輝かしい全智全能なるものを見ようとせず、蜃気楼のようにそれを、外にはるか遠くのほうに自分の欲するものが存在すると信じこみ、追い求めようとしているのです。それがそもそもの錯覚なのです。自分の不幸や苦しみを他のもので癒せるとそう思いこんでいる錯覚。また神に願いごとをかなえてもらったり、病気を治してもらったり、自分の欲することは何でもきいてもらえると信じ込んでいる錯覚。また自分の前に起こってくるあらゆる不幸や災難、苦しみや悲しみなどの一切を自分の責任だとは認めずに、すべては他人のせいだと思い込んでいる錯覚です。

またこの世は名声や栄誉、お金や権力が絶対と思い込んでいる誤解、一流校を出なければ一流人でないと思い込んでいる錯覚。神に仕える人や聖職についている人が清き立派な人と信じきっている誤解。このようにして例をあげればきりのないほど我々一人一人の心の中に、さまざまな誤解に惑わされ、あらゆる錯覚に陥った生活を、自然とまわりから強いられて生きているのです。人類全体がここで一気に真理に目覚めない限りこの生き方はさらに、子から孫へ孫から曾孫へと永遠に続いてゆくことでしょう。

自らを信じ愛そう

ここで結論に入ることにします。
まずあなたにこう問いかけてみたいと思います。
あなたは今の自分をいとおしく抱擁《ほうよう》することが出来るでしょうか。
あなたは今の自分を心から尊敬できるでしょうか。
あなたは今の自分を心から信ずることが出来るでしょうか。
あなたは今の自分を心から慈しみ愛することが出来るでしょうか。
あなたは今の自分の性格を素晴らしいと感じておられるでしょうか。
あなたは今の自分に秀れた才能があると思っておられるでしょうか。
あなたは今輝いておられるでしょうか。

あなたは今ポジィティブな生き方を貫いておられるでしょうか。

もし今のあなたの答がノーであると思うならば、あなたは自分に対して完全に誤解をしておられる証拠です。それは本来でない自分を自分と思い込んでいる錯覚です。

「人間は本来、神の分霊であって、業生ではなく、つねに守護霊[注1]、守護神によって守られているものである。この世の中のすべての苦悩は、人間の過去世から現在にいたる誤てる想念が、その運命と現われて消えてゆく時に起る姿である」と五井先生[注2]が「人間[注3]と真実の生き方」の中で説いていらっしゃるように、人は本来神の子であって業生ではない、これが本来のあなた自身の姿です。業生の自分、汚れた自分、罪の子の自分は、本来のあなたではありません。それは人間の過去世から現在に至る誤てる想念が現われては消え[注4]てゆく姿です。今のあなたがこの消えてゆく姿である業生の自分を把えて、それを本当の自分であると思い込んでいるのは錯覚です。今のあなたがどんなに憎しみに燃えていても、どんなに怒り狂っていても、またどんなに激情に流されても、虚偽の姿をみせていても、それは本来のあなたではないのです。それをみて本来の自分は、神の子にはほど遠い、汚れた罪深い救われがたい者であると誤解していたならば、あなたはいつまでたっても永遠に幸せを自分のものにすることは出来ません。自分を責め裁き、自分を軽蔑《けいべつ》し、自分を虐《しいた》げ、自分をごまかし偽りつづけている生き方は間違っています。それは本来のあなたではない、この世の中全体を覆いつくしている暗黒思想の影なのです。その波長にあなたの心の波長を合わせてしまったのです。今のあなたはそんな暗黒の波長に合わせる必要がどこにあるのでしょう。あなたの心はもうすでに永遠に光り輝く無限なる神の波長と一つにつながっているのです。何にも汚され毒され犯されることのない神の座に位しておられるのです。今更、何を恐れおののいているのでしょう、今更何を迷い何を為さんとするのでしょうか。

今までのあなたの生き方は誤解からきていたのです、錯覚に端を発していたのです。ですが、今は違います、今は全く前のあなたではない、誤解や錯覚の世界に生きるあなたではありません。今のあなたは真理の世界に生きぬく人なり、世界平和の祈り[注5]を祈りつづける真理の人なり、真理をこの世に運ぶ人なり、真理をこの世に知らしむるべき人なり、今のあなたは誤解や錯覚の世界から完全に脱けきって、未だ真実の世界に真理の世界に生きされぬ人々のために、真理を伝え歩く光り輝く神の子なり。祈りを知った今のあなたは何も間違ってはいません。誰からも非難されることはありません。誰からも足をひっぱられてひきずり落とされることはありません。皆から尊敬され慕われ賞讃されるだけです。今のあなたは正しい道、輝かしい道、真実の道、真理の道、神の光り輝く道を歩みはじめているのです。

それでも未だ自信のない人たちは、あなたの遺伝子の中にすでに組み込まれているすべての光明思想を、今から一つ一つ自分の生きている現実世界に引き出してゆくことです。今のあなたなら必ず出来ます。何か今願うこと、欲することがあるならば、自分の中に内在しているそのものに語りかけてください。世界平和の祈りを祈りながら自分の心から欲する願いがこの世に降ろされるまで、自分の中に内在している全智全能なる力を呼び出し、引き出すのです。まわりから襲いくる否定的な暗黒思想に惑わされず、断固として内在している輝かしいパワー、エネルギーを引きつけ、引き出してゆくのです。

あなたは神の子です、あなたは完全です、あなたはあらゆる才能の持主なのです。今更何をためらう必要がありましょうか、人のもの、他人のものを引き出すには躊躇《ためら》いがあるでしょうが、自分の中にあるものを引きつけ、引き出し、呼び醒《さ》ますのに誰に遠慮がいりましょうか。

さあ、しっかりと自分の内面をみつめるのです、自分の心の中を、自分の心の中の秘密の扉を開くのです。固く閉ざされた扉の中に無限なる可能性が、無限なる力が、無限なるエネルギーが、無限なる才能がぎっしりと存在している自分の中に目を向けるのです。開かれた後、あなたには永遠の幸せ、永遠の若さ、永遠の健康、永遠の生命が甦《よみがえ》ってくるのです。

あなた自らの手であなたの永遠なる幸せをこの世にしめしてゆくのです。

（注1）　人間の背後にあって、常に運命の修正に尽力してくれている、各人に専属の神霊を指します。守護霊は先祖の悟った霊で、正守護霊と副守護霊がいます。正守護霊は、一人の肉体人間に専

属し、その主運を指導しています。副守護霊は仕事についての指導を受け持っています。なお、その上位にあって、各守護霊に力を添えているのが、守護神です。

（注2）大正五年（1916）、東京に生まれる。昭和二十四年（1949）、神我一体を経験し、覚者となる。白光真宏会を主宰し、祈りによる世界平和運動を提唱して、国内国外に共鳴者多数。昭和五十五年（1980）、帰神（逝去）する。著書に『神と人間』『天と地をつなぐ者』『小説阿難』『老子講義』『聖書講義』など多数。

（注3）「人間と真実の生き方」（教義）は巻末参考資料の183頁参照。

（注4）消えてゆく姿とは、怒り、憎しみ、嫉妬、不安、恐怖、悲しみなどの感情想念が出てきた時に、それらは新たに生じたのではなく、自分の中にあった悪因縁の感情が、消えてゆくために現われてきたと観ることです。その際、世界平和の祈りを祈り、その祈りの持つ大光明の中で消し去る行のことを「消えてゆく姿で世界平和の祈り」といい、この行を続けると、潜在意識が浄化されてゆきます。

（注5）この祈りは五井先生と神界との約束事で、この祈りをするところに必ず救世の大光明が輝き、自分が救われるとともに、世界人類の光明化、大調和に絶大なる働きをなします。世界平和の祈りの全文は巻末参考資料の182頁参照。

あなたの遺伝子の中に一切の英知が組み込まれている

神人の聖域――原因結果の法則と果因説

『白光』二〇一二年四月号より

原因結果の法則と人生

ここで改めて「人間の真《しん》の生き方」について綴ってみます。

我々の人生は、ある一定の法則に従って創られていることは真実です。いわゆる「原因結果の法則」です。自分が心の中で常に不平や不満、怒りや嫉妬、不安や恐怖、苦しみや悲しみの想いばかりを巡らせていたならば、結果、思っていた通りの不幸で苦悩多き人生が現われてくるということです。このことは何回も繰り返し私が述べてきたことであります。

要するに、個々の人生は「自らが創り出している」「自らが自らの人生の創り手である」という事実です。

我々の毎日、瞬々刻々は、自らが何を選択し、何を決断し、何を決定するかの連続です。即ち瞬々刻々自分の感情想念が意識に現われてきます。

「悔しい、癪《しゃく》に障る、腸《はらわた》が煮えくり返る、あんな人なんか早く死んじまえ、私の前から消えていなくなれ」と思ったとたん、次の瞬間また新たな感情想念が湧き起こってきます。

「本当にそう思えるのだけれども、あの人の心が変わってくれたらそれでよいのに……。確かに自分も悪かった」という感情が脳裏を横切ってゆきます。

かと思ったら、また次の瞬間「もう絶対に許せない。今まで自分だけがこらえて忍耐してきたのに、あの人は自分が絶対に正しいと思い込み、しかもそれでよいと信じていて少しも変わらない。すべてを私のせいにするし、私の欠点ばかりを突つくし、私を馬鹿にしている」……といった具合に、人の心の中には瞬間、瞬時、あらゆる感情想念が巡ってきて、現われては消えてゆきます。自分でも果たして何が真意なのか否かが判らないし、判ってはいません。

心はこのようにして思い巡り、行きつ戻りつ……そして真理が判っていない人は、結局、自分の否定的感情想念に負けて「あんな人なんか早く死んじまえ、私の前から消えていなくなれ」という選択をし、決断をし、決定を下してしまうのです。それは同時に、相手に向けてそれほど強い悪想念を噴出させ、発信しつづけているということでもあります。

そのマイナスエネルギーは、一体誰が責任を取るのでしょうか。もちろん本人です。発信しているその本人がいずれ責任を果たさねばならないのです。即ちマイナス感情想念もプラスの感情想念も必ず自分自身に戻ってくるという法則によるものです。

自分が発したマイナス感情想念は、いつか必ずそっくり即、相手からか、または他の誰かから自分に向けられ、発信されてくるのです。「お前なんか死んじまえ、消えていなくなれ」という否定的な感情想念が……。その結果を自分が受け取り、その責任を自分が負わねばならないのです。

一瞬の深呼吸で、選択が次元上昇する

激しく憤《いきどお》る感情想念のままに、吐き捨てるように突いて出てくる否定的な言葉。この時、真理を理解している人、または原因結果の法則を判っている人が一瞬、深呼吸し、その自らの感情想念を鎮《しず》め、吐き捨てるように突いて出てくる言葉を収めることが出来たなら、全く違った人生が展開してゆくことになるのです。

即ち一瞬、深呼吸することにより、激する感情がやや鎮まり、自らを省みる間《ま》が生じます。その時、相手を威圧し吐き捨てるような言葉を投げかけるのを少し改め、相手を非難し批判し尽くす言葉をまともに浴びせかけるよりも、一段階やわらかな言葉を選択できるようになります。この時のこの選択こそが人生の運、不運の分かれ道なのです。

人は誰もが自らの心の中で考えている通りの人間です。表面的に人を騙したり、偽ったり、見せかけたりすることが出来ても、自分自身の内なる人間性を騙せるわけがない

のです。

人はいかなる人も自分が考えている通りの人生を歩んでいるのです。自分が常日頃思い考えていることが、その人の人格として現われてくるのです。

日頃思うこと、考えていることが常に自分のことのみ、自分の欲望達成のみ、自分の利益のみといった、常に自分、自分、自分……という利己的低次元意識レベルの人たちは、自ら真理に沿わない誤った選択をしてしまうのです。従って、決断の時も決定の時も、自らが選んだそのものが真理ではないので、結果として真理から外れた悪い結果が生じてくるのです。

真理を理解している人たちとは、まず何を選択するか以前に、自分が常日頃、何を想い、何を考え、何が重要なことかがすでに判っています。そのため常に利己的な生き方よりも利他的な生き方に目覚めています。すると、利己的な欲望達成に選択の基準が置かれることを決して自分に許しません。人の幸せのため、人を生かすため、人に役立つための選択を瞬間、下すため、決して真理からブレることがないのです。真理そのもの、即ち「神がもし自分に代わって選ぶとしたらどうするか」が基準となっているため、神そのものが選択するのと全く同じ選択をしているのです。

結局、高次元意識レベルの人々が選択を下す場合は、すべてが真理そのもの、愛そのもの、光そのもの、人類の平和と幸せそれのみですから、それに準じて自らの決断も決定もすべてが神のみ心と全く同一となり、その結果、自らの人生においても喜びと幸せ、感謝と至福に満たされた平安、平和そのものの人生しか創り出されてゆかないのです。

彼らは決して否定的な選択を誤っても下さないし、もし仮に下したとしても、次の瞬間、あるいは時が経ってから、魂に刻印された常日頃の真理そのものによって究極的には正しい選択がなされるので、何一つの不幸や悲しみ、苦悩や絶望がもたらされないのです。皆無なのです。すべてが完璧、欠けたるものなしの人生が繰り広げられてゆくのみです。それが神人[注6]の生き方そのものであります。

神人になるための切磋琢磨

何度も繰り返しますが、日頃の自分の想いがいかに大切か、それに尽きるのです。日頃何を想い、何を考え、何を為すかがいかに重要であるかが問われてくるのです。我々の人生は、自らの日頃の習慣の想いによって創り上げられているのです。

そのためにも真理に目覚めた神人は自らの過去世からの古い否定的な習慣の想いを徹底的に覆し、光に変容するよう求められているのです。

人生はすべて心から、想いから芽生えてゆきます。心の中に、想いの中に否定的な想念が芽生えなければ、決して悪い人生など現われることはないのです。そして神人の想念行為は美しい高貴な花を咲かせ、その結果、喜びや感謝、平安、至福のような最高の果実がもたらされてくるのです。さらには上徳の種を子孫に蒔いてゆくのであります。

故に、私は世界人類が一人でも多く神縁に結ばれることを望まずにはいられません。本人自身のためにも、ひいては世界平和のためにも。

神人になると、常に心清く気高い想いの人々ばかりと神縁が結ばれてゆくので、お互いに平安と祝福と歓喜のみの人生、即ち高次元意識の世界で生きることが出来るのです。

本来、人類の誰しもが心の中で思い描くこと、望むことは、「すべての人類は本来、善人である」ということです。正しい人間、真実なる人間、立派な人間、気高い人間像です。が、そのように思うこと、願うことは出来ても、実現が伴うことはなかなか難しいものです（無限なる可能性！）[注7]。

神人のように崇高な方々も、初めから気高く、清く、美しく、皆から愛され、尊敬されていたのではありません（中にはそのような方も存在していましたが）。最初は普通一般の人たちと何ら変わらない常識人であり、一般的な善人でした。

そして一般的な善人といえども決して完全ではありません。誰もがそうであるように、怒ったり、嘆いたり、人を批判したり、時には人に親切にしたり、人を助けてあげたり、人の面倒を見たり、一方で自分の非を認めたくなかったり、素直に謝れなかったり、ウソをついたり、ごまかしたり、限りなく楽をして生きようなどと、玉石混淆《ぎょくせきこんこう》の想いを抱いているものです。

要するに、神人といえども初めから高貴にして愛深く、叡智に富み、直観力に秀でていたわけでは決してないのです。初めは一般の常識人と何ら変わりはありませんでした。現在の神人のような、崇高にして神々のような神性を発揮してはいませんでした。そして自らの輝かしい人生を創造してゆくまでには至っていませんでした。

そのために、目に見えない種々さまざまな疑いや迷いを決定的に払拭し、限りなくポジティブな思考に転じてゆくための不屈の精神力、忍耐力、努力が必要不可欠であったのです。来る日も来る日も繰り返し繰り返し念ずるように祈り込んでゆく光明精神が……。

神人の聖域に達するまでのプロセスは、決して直接の神からの贈り物でもなければ他からの助けでもありません。究極的には、真理そのものを徹底的に理解するために一つ一つの真理を丁寧に根気強く学んできたということです。しかも学んだだけでは不充分なのです。真理そのものを自分のものとし、自らの想念行為に現わし、実行してゆかねばならないのです。それは神人たちの心の中へ、魂の中へ、繰り返し繰り返し刻みつづけられた究極の真理の結晶です。それは同時に、自らの心の中に積み上げられてゆく、気高く崇高な想いの数々でもあります。愛深い自分であれ。叡智、直観力溢れる自分であれ。無限なる可能性、能力に富む自分であれ。神の無限なる光、パワー、エネルギーを自分の器を通して世に放つ自分であれ。世の人々が自分を見て「吾は神を見たる」と思わず思わせるほどの清く正しく聖なる自分であれ……。

神人誕生は決して偶然の結果ではありません。それぞれが人知れぬところでどれだけ自らを切磋琢磨し、努力を積み重ねてきたかの証です。その第一が常識や固定観念を覆すということでした。それには強い固い信念が必要でした。時には疑い、時には迷い、時には諦め、時には辞めたくなる誘惑にも屈せず、コツコツ一つ一つの究極の真理を実行しつづけてきた結果です。この努力なしには神人達成はありません。

なぜなら一般常識に従って固定観念に把われている人々には、真理の何たるかが死ぬまで判らないからです。また死んだ後も永遠に判らないのです。同じ過ちを繰り返す輪廻転生により不幸な人生が創り上げられてゆくからです。

常識とは、この世から争いをなくし、正しい生き方を奨励し、人に迷惑をかけず、平和な世界、生き方が築かれるよう真理から編み出されたものではなく、あくまでも人間が創り出した真理からブレた道徳心です。道徳心は決して悪いものではありませんが、道徳には神のみ心が入っていません。物質的世の中にふさわしい物質的生き方が説かれているのです。そのため究極の神人に至るまでには導けないのです。

真理であれ、常識であれ、固定観念であれ、それらに共通する絶対なる法則は「原因結果の法則」です。卑しい恥ずべき行為、盗み、人殺し……等を行なった結果として、絶望、苦難、悲惨、孤立、不幸な人生が現われてくるのです。人類はみな等しく、かつまた誰一人の例外なく原因結果の法則を生き切っているのです。

我々は自らの想いによって自らを尊び、喜びと幸せと至福に満ちた愛と慈しみの人生を創り上げることも出来れば、自らを卑下し、侮蔑し、自己批判し、破壊し尽くしてしまうほどの人生をも創り出してゆくことが出来るのです。

我々は自らの否定的想念という武器により、自らを破壊するための兵器を創り出すことも出来れば、自らの究極の真理により、自らを気高く崇高にして神のような神々しい究極の人間に高め上げることも出来るのです。

〝日頃何を思っているか〟が果因説の要

最後に、原因結果の法則に基づいて果因説の生き方を説いてみたいと思います。

果因説とは、過去の因縁や束縛、そして悪習慣、否定的な思考から脱した、全く輝かしい思考から生まれてくる生き方です。

まず原因結果の法則は誰もが知っているように、心という想いの工場で人生が築かれ、創られてゆきます。例えば悪い否定的な想いを抱いている人は、自らの想いの工場で否定的な人生が創られ、築かれてゆきます。自らの心に湧き起こる人に対する憎悪の想い、不安恐怖の想い、人を差別する想い……こういう心の産物を人の心はいとも簡単に創り出していってしまうのです。それはなぜか？　長い間の悪習慣によるものです。そのまま心を放っておくと、どんどんネガティブなエネルギーによって、そのネガティブなイメージに力を与えつづけ、無限に広がってゆきます。そのネガティブな想いをとどめることは自分しか出来ないのです。誰も人の心の中までは入ってゆけないし、そのような権利もありません。自分のみが自分の心の主人です。

自らが自らに発するネガティブな思考に打ち克ち、そのネガティブなイメージを消さないかぎり、いつか必ず自分の人生の中にそのネガティブなイメージ通りの現実が降りてきます。そこで嘆き悲しんでも、人を恨んでも、憎んでも、決して解決はありません。あくまでも責任は決して他にはないのです。自分以外の何ものにもないのです。

このような悪循環を繰り返さないためにも、決して真理に対して無知であってはならないのです。そのために人は自らの不幸や苦しみ、悲しみ、痛みを通して初めて真理に気づいてゆくのです。

人生はすべて原因結果の法則で成り立っているという事実を知ることです。そのためには究極の真理を知り、その真理を一歩一歩自らの意識で理解することこそが大事なのです。いつまでも無知であってはなりません。愚かであってもなりません。そうでなければ不幸から逃れることは出来ないのです。

世の不幸な人を見渡してみると、必ずと言っていいほど彼らの意識が暗くネガティブなのです。いつも人生に対して生き生きとして輝くような生き方を生き切っていません。常に不安、恐怖に基づきクヨクヨオドオドし、自分に対して自信がありません。いつも人のまねをし、人と同じ選択、決定をし、自分で自分の人生を築くことが出来ていないのです。

いかなる人の人生といえども、必ずと言っていいほど不幸や悲しみや苦悩、痛みは伴ってくるものです。その時、過去から消えようとして現われてくるマイナスの状況や出来事を、逆に消そうとしないで自らの心が固く摑み取り、その状態を握りしめたまま自分の手から離そうとしません。その上、自らの心の中に不幸のエネルギーを注ぎ込み、悲しみや怖れに対してマイナスのエネルギーをさらに強化して入れ込みつづけるのです。これでは過去の原因が結果として消えてゆこうとする状況を摑んだまま離すことを知らないため、未来の人生にまた同じ「つらい、悲しい、死にたい、無理だ、不可能だ、出来ない……」等といったマイナスのエネルギーを与えつづけてゆくことでしょう。そのため、今の瞬間の思考が未来の自分の人生に、再び不幸で苦しみ多い状況を創り上げていってしまうという悪循環が繰り返されてゆくのです。

ですが果因説とは、自らの思考想念を注ぎ込む方向が全く違うのです。

仮に、自らがマイナスの想念を出しつづけていたとしましょう。やがて原因結果の法則によって、自らがその結果を受け取らなければならなくなり、突然不幸のどん底に突き落とされたにせよ、その時の自らの選択、決断、決定によってその後の人生は大きく左右されるのです。

その時、自らの不幸の状況に把われ、不幸を悲しみ、苦しむのではなく、かつまたそのマイナスの状況にエネルギーを注ぐのでもありません。「今自分の前に現われている不幸は、過去の原因が今この瞬間、結果として現われているのであり、それは自分が受けなければならない当然のものである。

これで過去の原因が消えてゆくのだから、今この瞬間から自分の思考や想いを未来に向けて注ぎ込もう」と思い、未来に向けて光明をいっぱいイメージするのです。すると「これから明るく幸せな人生を築きあげるために、よい想念を放ちつづけよう。もう否定的な思考を断ち切ろう。

今は苦しいし、不幸だ。だが決してこの不幸や苦しみは永遠に続くはずはない。いや、決して続けさせまい」という強い信念が伴ってきます。

「今、過去におけるマイナス言動行為による原因の結果を受け入れているのだから、これで終わるのだ。終わったのだ。これからは全く新しい輝いた人生がスタートするのだ」と自らの思考を強く光明に切りかえることにより、結果、果因説の法則によってこれから現われてくる現実は輝かしい幸せな人生となるのです。

そのためには、人類はみな一人残らず究極の真理を学び、理解してゆくことが大事です。そうすることによって、自然にポジティブな生き方が習慣となってくるのです。地球の安寧のため、世界人類の平和と幸せのために、一人でも多くの神人が誕生することによって、地球は救済されてゆくのです。

神人誕生は宇宙神の望みであり、五井先生の願いです。[注8] 彼らがいるかぎり、必ず世界は救済されるのです。

（注6）神人とは真理に目覚めた人（自分も人も本質は神であると自覚し、愛そのもの、調和そのものの想念行為の出来る人、または、そうなるよう努めている人）であり、また、宇宙神の光を自らの身体に受け、地球上に放つことが出来る人です。本会では、一九九九年より「神人養成プロジェクト」が始まっています。神人養成プロジェクトについては巻末参考資料189頁参照。

（注7）これは、日常生活の中で、悪い想いや言葉（ばか、のろま、くたばれ、間抜け…）や否定的想いや言葉（出来ない、難しい、無理だ、不可能だ…）を心に抱いたり、口に出したりした時に、即座に、光明思想の言葉を一つ唱えるか、または、世界平和の祈り（「世界人類が平和でありますように」の一節だけでも構いません）を一回、祈ることによって、打ち消す行のことであり、文章中では、（無限なる○○！）等と表記します。これを続けることによって、自己の心の中に潜んでいる悪い想いや否定的想いが消えてゆき、やがて、その奥にある神性が顕現されてゆきます。

（光明思想の言葉の例：無限なる愛、無限なるゆるし、無限なる調和、無限なる光、無限なる感謝、無限なる喜び……等、詳細は巻末参考資料184頁参照）

（注8） 宇宙に遍満する生命の原理、創造の原理である大神様のこと。巻末参考資料の188頁参照。

神人の存在意義

『白光』二〇〇一年七月号より

自らの望むことしか現われない

自分の人生において、自分が今日までしてきた以上のことは、何一つ起きません。期待しても無理なのです。すべては、自分が日頃蒔きつづけてきた種の結果を摘《つ》みとるだけです。自分に生ずるすべての現象は、自らの言葉、想念、行為によって形作られ、起きています。真理、すなわち宇宙の法則というものは、自分の心が望まぬものを何一つ生じさせません。

自分の人生に突然起きる予期せぬ出来事は、それが何であれ、日々、自分の発しつづけてきた想いや言動の結果です。家庭、職場、学校、病院……、毎日、どこに行こうが、どこに居ようが、何をしようが、自らの人生の途上で出会う人々、そして起きる、いかなる出来事、現象もすべて、自分の日頃の言葉、想念、行為の結果以外の何ものでもありません。

常に自分の私利私欲のため、人を裏切る人たちが出会う人々とは、同じように人を裏切る人々であり、また、彼らの運命上に生じる出来事とは、人に裏切られ、人から嫌がられ、軽蔑され、疎《うと》んじられるような出来事であり、彼らが辿《たど》る人生とは、不安や恐怖や葛藤の多い、暗く惨《みじ》めな人生ということになってしまいます。

我々にやってくる予期せぬ運命が、たとえどのようなものであれ、日頃の自らの言葉、想念、行為を抜きにしては、絶対に起こり得ない現象なのです。我々が日頃、望まぬものは何一つ起きないのです。

故に、何を望むかが問題なのであります。何を望むかは、もちろん本人の自由です。本人の自由意志にゆだねられています。本人の思うがままなのです。

たとえ今、現われている現象が、マイナスの状況や状態を呈していようが、ある時から我即神也[注9]の真理を魂が求めはじめ、世界平和の祈りを祈りつづけてゆくならば、必ずいつか、今までの現象を覆《くつがえ》す時が来るのです。世界平和の祈りこそ、本来の自己を認識し、今までの否定的、習慣的自己意識を徹底的に覆し、変えてゆく方法なのです。そして、我即神也の真理が自らの魂によみがえってくると、愛と赦しと叡智に満ちた幸せな人生が訪れるのであります。

このように、人生とは、自らが望むことしか起きないのです。何を望むかは人類一人一人の自由に委《ゆだ》ねられています。そのため、その人に起きる出来事や現象とは、それが善かろうと、悪かろうと、その人の日頃の言葉、想念、行為の結果に他ならないのです。それらによって、自らが不幸に陥ったり、幸せに導かれたりするのであります。

出来事への対処の仕方——逃避か受容か

人類はみな、現象面に現われてくる出来事そのものに振り回され、弄《もてあそ》ばれてしまっているようなものです。

では、我々は今、実際に起きてしまった出来事や現象に対して、どのように対処できるのでしょうか。それは、その現象に対して、自分自身が逃げるか、それとも受け入れるかのどちらかです。

逃げれば、いつまでも運命は好転せず、同じ段階に止《とど》まったままか、またはそれ以下のレベルに落ちることになります。

受け入れれば、次に現われようとする出来事や現象は見事に覆され、素晴らしい転機を迎えるのであります。仮に逃げた場合には、再び同じような状況や現象が生成されるのに、受け入れたことにより即、内なる霊光が放たれ、その瞬間、現われるべき同じ状況が、現われる前に消し止められてしまうのです。

自分の前に現われてくる、いかなる出来事や現象をも勇気と決断をもって受け入れることが出来るためには、五井先生のみ教えの真髄である、消えてゆく姿で世界平和の祈りを実行すればよいのであります。

消えてゆく姿で世界平和の祈りとは、自分の目の前に現われてくる現象はすべて、前生からの自分の因縁が今、消えようとして現われているに過ぎないので、その現象に対し、恐れず、怯《ひる》まず、素直に受け入れ、消えてゆく姿として世界平和の祈りの中に投げ入れる、ということです。

すでに我即神也の真理を知っている者にとっては、その瞬間、ある程度は動揺するものの〝必ずよくなる、絶対に大丈夫〟と思うので、いかなる現象も即、受け入れることが出来、その通り、絶対大丈夫の運命が展開してゆくのです。

現象、出来事それ自体は、その人が過去に発しつづけてきた言葉や想念行為が単にルールに則《のっと》って、本人のもとに運び届けられているに過ぎません。それ自体は、単なる現われです。それをどう魂が受け入れるか否かによって、これからの自分自身の運命が善くも悪くもなってゆくのです。自分の上に起こる無数の出来事に対して次々と真理によって立ち向かい、祈りに変えてゆけば、何一つ恐れたり、心配することはないのであります。

信じることの大切さ

人類はみな、自分が出会う人々や出来事によって、自分に苦しみや悲しみが与えられるかのように信じ込んでいます。ですが、真実は全く逆なのです。自分自身が、人々や出来事のすべてを自分に引きつけ、従わしめているのです。

自分が人に嘘をつき、人を責め裁き、憎しみと復讐《ふくしゅう》に燃えれば、数々の嘘や偽りが自分に引きつけられ、数々の責めや裁き、憎しみや復讐が自分に馳《は》せ参じ、それらの出来事が現実に引き起こされるのです。

その反対に、常に世界平和の祈り、我即神也・人類即神也の印、地球世界感謝行、光明思想徹底行を行なっている人々はみな、それらの言動のすべてを自分に引きつけ、従わせてゆきます。

故に、人のため、世界のため、人類のために尽くし、貢献している人々はみな、自分の思いや願望は必ず達成し、成就されるのです。

注10 注11 注12 注13

なぜならば、世界平和の祈りが、我即神也・人類即神也の印が、絶対なる真理そのものなのですから、この絶対なる真理そのものの出来事、現象、すなわち無限なる幸せ、繁栄、成功、歓喜、健康などを自分に引きつけ、従わせてしまうからです。

この真実を疑うのも、信ずるのも、己れの好き勝手です。疑うならば、疑いを自分に引きつけ、従わしめるだけです。信ずるならば、信を自分に引きつけ、従わしめるだけです。

疑いは、迷い、もがき、傷つき、つまずき、不安、恐怖、動揺の人生を創るし、信は、何一つの迷いや疑い、濁《にご》りもなく、泰然として悠々、平安にして歓喜そのもの、静謐《せいひつ》にして光り輝く人生を築きあげます。

人は信を身につけるにつれ、少しずつ疑いから解放されてゆきます。どんな人間にも、信への渇望が少しはあるものです。人は信を身につけることによって、自分の人生に起こり得る、予期せぬ不運なる出来事を変えてゆくことが出来るのです。

信を身に修めれば、もはや自分の上に生じ得るすべての出来事、現象は全く敵ではなくなります。すべて、いかなることをも赦しに、感謝に変え、魂の喜びに転じてしまうのです。内なる霊性の光により、疑いに満ち、荒れすさんだ心は癒され、不安や恐怖は解消されます。さらに、幾度《たび》もの不運なる障害に直面してきた過去からも解き放たれてゆくのであります。

それほどまでに信ずるという行為そのものは、我々の想像をはるかに超え、驚嘆すべき神の力を発揮せしめるものです。そしてもはや自分自身に対して、何ら一切の害を及ぼさぬばかりか、他人に対しても、善い影響を及ぼしてゆくのです。

疑いの心を解き放つ真理の光

疑いは、常に無防備な人間の周囲をうろついています。そして隙《すき》あらば、無防備な人の心に食らいついてきます。

人の心を占領した疑いは、その人が発する疑いと固く結びつき、互いに協力しあって、さらに力を増してゆきます。その力を放っておけば、さらに強力に育ってゆきます。もはや疑いを抑える何の手立てもなくなります。さすがの知性も知識も歯止めがききません。疑いを放っておくと、ついには自己も他者も破壊し尽くしてゆきます。一人一人の疑いの心によって、人類の運命は翻弄されてゆきます。それが戦争、紛争、闘争の発火点なのです。

疑いの心を解き放つのは、真理の光による浄化以外にありません。人は真理の叡智を学び、身につけるにつれ、欲望が支配する運命から少しずつ解放されてゆきます。真理の光は、疑いや否定的想念により征服され、占領され尽くした心に喝《かつ》を入れ、癒しと慰めと赦しを与えつづけてゆきます。

それでもなお、疑いにより、本心を覆い隠され、次々と災難や苦悩、不幸を自らに引きつけ、現実に引き起こそうとする人に対し、宇宙神の無限なる愛と光と真理は、それらの否定的想念を根こそぎ打ち砕き、本心を顕現せしむるよう、試みるのです。

真理の光を浴びることは、これほどまでに尊く、必要性のあることなのです。

しかし今生にて、これら真理の光に出会わぬ魂の、何と多いことでしょう。救いたくとも救われ得ぬ魂の、何と多いことか。地上における人類の三分の二は、これらに属する人々なのです。

故に、いかなる人々をも一人残らず救い上げるためには、世界平和の祈り、我即神也・人類即神也の印、宇宙神マンダラ[注14]、地球世界感謝行、光明思想徹底行が必要であることが、ここで明らかになるのです。

これらの行をやりつづけることにより、地上に蔓延《まんえん》しつづけ、人々の無防備な心に隙《すき》あらば、たちまち食らいつく疑いの想い、否定的想念が祓《はら》い浄められ、人類が否定的想念の虜《とりこ》にならぬよう、防いでいるからです。

しかし、一番大事なのは、人類一人一人が疑う心を捨て、神性を信ずることです。それが先決です。自分の疑う心そのものが諸々のカルマを引きつけていることを心して知るべきです。

我々の祈り、印、マンダラ[注15]が人類の救済となっているにせよ、人類一人一人の心が真理に満たされてゆかねばならないのです。

我々はまた、地上を低次元のヴァイブレーション（暗黒想念）から高次元のヴァイブレーション（光、真理）へと高め上げる、偉大なる天命を担っています。

疑いや否定的想念は、低次元のヴァイブレーションの中にこそ生き延びることが出来、増えつづけることが出来ますが、その次元が上昇し、光が増すにつれ、暗黒想念は、光に照射せられ、消滅してゆきます。低次元波動は、高次元波動に吸収されてゆきます。

このように、地上のヴァイブレーションを引き上げることにより、暗黒想念は自滅を強《し》いられてゆくのです。

神人としての特権

我々の天命は、この地上にはびこる果てしない不幸（無限なる光明！）の波のただ中に生きる人々に、少しでも真理の光を届けて、真理に目覚めさせてゆくことにあります。

現に、神人が今生に存在するだけで、そして世界平和の祈りを祈っているだけで、地上の不幸や悲しみを癒し、少しずつ減少させていっているのです。そしてついには、神人の周りから、一切の不幸や悲劇の現象はストップしてしまい、それら否定的活動は麻《ま》痺《ひ》状態に陥ってしまうのです。

神人が登場する場には、一切の不幸、悲惨、事故、災難は存在し得なくなります。神人の周囲で悲劇は全く起きなくなります。

神人の存在は、いかなるマイナス波動をも引きつけ、従わせないからです。神人が引きつけ、従わせてゆくものは、輝かしきもの、善きもの、素晴らしきもののみだからです。

いかなる不幸や悲劇の運命も、神人に対して、何らの力も振るえないのです。いかなる事故、災難にしろ、決して内なる魂（我即神也）の中に入り込むことは許されません。内なる魂（我即神也）は、神そのもの、光そのもの、真理そのもの、宇宙そのものだからです。

人が事故や災難を引き起こす時、病気がその人を襲う時、裏切りや復讐によって命が危ぶまれる時、自らの悲運を嘆く時、人々は、運命の力を痛感します。人々は、その運命の力に翻弄され、なす術《すべ》も無く放心状態となります。

しかし、それらを引きつけ、呼び寄せ、従わせない高貴なる魂（我即神也）にあっては、それらが立ち入ることは決して許されないのです。これこそが、神人としての特権です。

なぜ自分を神と認められないのか

人類はみな、自らの内なる神を探求すべきなのです。だが、多くの人たちは、それに対し、戸惑いを感じ、ためらっています。

この内なる神性に対する臆病さの原因は、一体何なのでしょうか。自分の内なる神性を認められないというおののきは、一体どういうことなのでしょうか。内なる自分は、実際、光輝に満ち、愛に溢れ、善性そのものなのに、です。自分を神と認めることに怯《おび》え、まるで罪人の如くです。

これこそ前生の因縁であり、それに加え、さまざまなる習慣の想い、人のことを気にし過ぎる心、自分に自信のない心などがそうさせるのでしょう。

要するに、人生最大の目的でもある、自分自身で自らの人生を築き、創造してゆくという原点を知らないで生きているのです。生きるということが判らないのです。自分の人生は他の人が教え導いてくれる、他の人の真似をしていれば何とかなる、と思い込んでいるのです。

これらの人々は、自らの本心を映し出す鏡が真っ黒に曇っているのであります。

鏡の本来の役目

毎朝、鏡に向かう時、鏡は自分の顔、相、形をそのまま正直に映し出してくれます。不安そうな目、不健康そうな青白い顔、怒りに満ちた厳しい顔つき、げっそりした顔、自信のない姿……。自分の心が輝いているか否か、エネルギーに満たされているか否か、やる気があるか否か、使命感に燃えているか否か、愛で満たされているか否か、調和しているか否か……が顔や相に反映されています。

と同時に、鏡を通して、鏡の中の世界、鏡の外の世界を見るのです。鏡の中の世界には、本来の自分自身が映し出されています。神そのものの神々《こうごう》しい姿、高貴で、愛のみで満たされ、光り輝いている姿、宇宙そのもの、真理そのものの自分がいます。そして、鏡の外の世界には、不安そうな目、不健康な青白い顔、自信喪失したげっそりとした顔、嫉妬に狂った顔……の自分がいます。

その鏡の中の我即神也の自分と、鏡の外の消えてゆく姿の自分とが一つに結ばれてゆきます。それが人生の目的です。

かつまた、自分の姿を映し出す鏡が曇っていたり、汚れていたりすると、鏡の中の世界、すなわち神性そのものである自分の姿が映し出されません。鏡に映っているのは、鏡の外の世界の自分でしかないのです。

かつて人間は、鏡の中と外を自由に往き来していました。だが鏡は、時を経るとともに曇り始め、その上に埃《ほこり》が付き、汚れがたまり、本来の役目を果たせなくなったのです。鏡の中の我即神也の姿を映し出すことが出来なくなったのです。そして鏡に向かう我々もまた、鏡の本来の役目を忘れてしまったのです。

鏡は、我々の本来の姿（我即神也）を映し出すことが出来なくなり、鏡の外にいる我々のみを映し始めました。外面の美醜、姿、形、色つや……。もはや、心の世界、真なる世界、神なる世界を映し出すことはなくなってしまったのです。

鏡を磨きあげる方法

しかし、鏡の中の世界は、今でも厳然と存在しているのであります。世界中の誰もが本来、自分の鏡の中の世界に自由自在に往き来することが出来るのです。ただし、業想念や欲望、執着や習慣の想いで汚し、曇らせてしまった自らの鏡を自らが磨き上げることによって、です。そうすることによって、鏡の中に本来の自分の姿が映し出されてくるのです。

その鏡を毎日せっせと磨き上げる方法が、消えてゆく姿で世界平和の祈り、我即神也・人類即神也の印、マンダラ、光明思想徹底行、地球世界感謝行です。

これらのことを一つでも、また少しずつ、自分の出来る範囲で続けてゆくならば、曇った鏡は少しずつ磨かれ、磨かれるたびに、その磨かれた隙間から、自分の本来の光り輝く姿が映し出されてきます。いまだ完全なる神そのものの本来の姿は映し出されなくとも、磨かれた程度に応じて、神の一部分でもある明るい自分、勇気ある自分、愛ある自分、感謝ある自分、赦しある自分が映し出されてきます。それによって、絶対なる真理に目覚め、生きる目的がはっきりし、自らを磨き高め上げようとする意志が強まり、喜び、希望、幸せに満ち溢れてくるのです。

その光明の生き方がさらに高じて、鏡はますます磨き抜かれ、ついには鏡全体がピカピカに光ると、鏡の中から、本来の自分そのものである、神々しく光り輝いた我即神也が忽然《こつぜん》と現われ、鏡の外の自分と出会い、鏡を通して全く一つに融け合い、光そのもの、神そのもの、真理そのもの、宇宙そのものになってゆくのです。それが我即神也そのものの生き方です。

鏡の外の世界を浄める神人の働き

神人は、神そのものに至る、いまだそのプロセスの段階にあります。鏡の中の自分と鏡の外の自分がいまだ一つに結ばれてはいないが、もう鏡の外にいるのではなく、鏡を通り抜けて、鏡の中の自分に接している状態です。

この世に究極なる真理、我即神也・人類即神也が降ろされても、なかなか自分自身を神性なるもの、仏性なるものとは思えず、そしてその真理を受け入れられず、ただひたすら拒絶する人々は、鏡が曇りに曇り、汚れに汚れ、鏡の中の世界が全く閉ざされてしまった状態にある人たちです。

こういった人々は、最後の最後に救われるのでしょう。なぜならば、自分の鏡は他の誰も磨いてくれないからです。いかなる権力ある人も、名誉ある人も、金持ちも、教養ある人も、人に立てられている人も、またいかに多くの支持者や部下がいようとも、誰かが代わって自分自身の鏡を磨いてくれるわけではないのです。あくまでも、自らが真理を学び、真理を身に修め、自らを磨き高め上げてゆかなければ、自らの鏡に自分の本来の姿を映し出すことは出来ないのです。

鏡の外の世界は無秩序の世界、混沌とした世界、否定的な世界、矛盾、錯覚に満ちた世界であるため、人類の心が自らの鏡の中の世界へと向かうことは、なかなか困難なことです。

故に、人類に先立って、神人となった者たちが、人類が真理に目覚めるその時に至るまで、彼らに代わって人類即神也の印を組みつづけるのです。

鏡の外の世界は、鏡の中の世界と違って次元が低く、否定的想念の乱気流エネルギーに満ちています。そのためいつも、毎時毎分毎秒、誰かが、いや大勢の人々がその乱気流に呑み込まれて犠牲者となっているのです。これは、人類のカルマが引き起こしている現象です。

人類一人一人は毎日、不平不満、怒り、嫉妬、憎しみ、復讐、悲しみ、苦悩、恐れ、不安、葛藤などの否定的想念を発しています。そして、それらの否定的想念に対して、誰もが何らの責任も持ちません。皆がみな、思い思いに感情想念をぶっつけ、地上空間に垂れ流しの状態です。

その否定的感情想念のカルマはものすごい勢いの乱気流の渦となり、その空間、その場に消滅しないまま、漂《ただよ》っています。その時、そこに居合わせた人々、通りすがりの人々は、その目に見えない乱気流の渦の犠牲となり、何らかの事故に巻き込まれたり、急に腹立たしくなったり、悲しくなったり、恐怖や不安感に襲われたりして、それらの波の影響を受けつづけているのです。

そういった、決して目に見えない否定的想念の乱気流を消滅させ、浄化している人々が、今生にほんのわずかですが存在しています。彼らは神人であり、そして日頃、世界平和の祈りを祈りつづけている人々なのです。彼らは全人類の進化、真理の目覚めにとってなくてはならぬ人々なのです。

我々の中に宇宙と同じ構造がある

人類一人一人の中に、宇宙と同じ構造が、全体と同じ構造が、神と同じ構造が組み込まれています。いや、繰り返されています。どんな小さな部分においても、全体と同じ構造が繰り返されているのです。脳の中に、血液の中に、細胞一つ一つの中に、遺伝子の中に、心の中に宇宙と同じ秩序が流れ込んでいます。

いかに部分的、末梢的なものであろうが、また限りなく小さく切り刻まれ、顕微鏡でも判らない、極微小のものであろうが、その中にも、宇宙と同じ構造が、神と同じ構造が繰り返されています。いや、引き継がれています。こんなすごいことが、この宇宙全体にわたって行なわれているのです。

我々の脳の中に、血の中に、一つ一つの細胞の中に、遺伝子の中に、心の中に、神の恩寵が行き渡っています。神そのものの無限なる創造、無限なる叡智、無限なる進化が織り込まれているのです。

人類一人一人は、その事実を認識しなければなりません。その事実を勉強し、研究してゆくならば、宇宙の仕組みに、法則に驚嘆せずにはおられないでしょう。

何故に神を否定できましょうか。何故に自らを否定できましょうか。全くもって恐れ多いことではありませんか。自らが神の生命《いのち》を授かっていると、なぜ思えないのでしょうか。哀れとしか言いようがありません。

こういった頭の固い、自分そのものを信じられない人々は、依然として不幸の世界で苦悩しつづけている人々と言えるでしょう。

地上の生きとし生けるものは、ある固有の法則を持っています。人類一人一人の脈拍や遺伝子の中に、宇宙の固有の法則があります。大自然の海や川、雲や雨も固有の法則に導かれています。夜空の大銀河、これも固有の法則のままに動いています。すべて一切の生命の起源や進化もまた法則に基づいています。

人類一人一人の意識、思考、価値観、創造は違うように思えても、人類一人一人の生命は固有の法則に根ざしています。その固有の法則とは、宇宙神そのものです。

すべて一切のものは、みな分かれているように見えるけれども、大きな、目に見えない、計り知れない宇宙神の光の糸によって固く結ばれ、法則のままに生かされているのです。

そう思うと、神の存在、神の生命が自分の血の中に、遺伝子の中に、思考の中に、脈々と波打っていることが判るのです。素直に信じられる人とは、宇宙神に超特別に愛され、必要とされ、今生において存在価値のある人ということでしょう。

我々は毎日、輝かしく生き生きと生きています。朝起きて、鏡の中の神そのものである自分と一つに融け合うその日まで、無限なる希望と無限なる可能性をもって生きているからです。

（注9）我即神也とは、自分は本来神そのものであるという真理です。我即神也を表わした文章に「我即神也の宣言文」があります。宣言文は巻末参考資料185頁参照。

（注10）人類即神也とは、人間は本来、神そのものであるという真理です。人類即神也の真理を表わ

した文章に「人類即神也の宣言文」があります。宣言文は巻末参考資料186頁参照。

（注11）印には、さまざまな種類があります。著者が提唱した自己の神性を顕現させる「我即神也の印」と、人類に真理の目覚めを促す「人類即神也の印」は、国内外に広まり、多くの人々によって組まれています。この二つの印は、宇宙エネルギーを肉体に取り込むための、発声を伴った動作です。印の組み方は、白光真宏会のホームページ（http://www.byakko.or.jp/）でご覧いただけます。

（注12）地球世界を司る神々様に対し、人類を代表して感謝の祈りを捧げる行です。この地球世界感謝行を行なうことにより、地球世界の万物、生きとし生けるものに、癒しのエネルギーが伝わります。この地球世界感謝行には、言葉と印の二種類があります。それらは白光真宏会のホームページでご覧いただけます。

（注13）本書72頁の（注7）参照。この光明思想徹底行には、言葉と印の二種類があります。それらは白光真宏会のホームページでご覧いただけます。

（注14）宇宙神《うちゅうしん》のエネルギーを受信し、人類と地球に発信する働きのあるマンダラ。宇宙神マンダラには、我即神也の言葉と人類即神也の言葉を書いた二種類があります。このマンダラを書くことによって、自分が神であることを思い出すとともに、人類に真理の目覚めを促します。

（注15）　マンダラには、さまざまな種類があります。著者が提唱した「宇宙神マンダラ」「地球世界感謝マンダラ」「光明思想マンダラ」は、宇宙のエネルギーの発信源です。これらのマンダラを描くことによって、自分の希望する人生が創造できるようになります。また、人類に真理の目覚めを促し、地球の大自然、生きとし生けるものをよみがえらせてゆきます。マンダラは、白光真宏会のホームページでご覧いただけます。

神人と果因説の生き方

『白光』二〇〇一年五月号より

科学と宗教の行き着く先は同じ

そもそも神とは何でしょうか。

昔から、人類は神を信じ、その存在を証明しようと躍起になってきました。

なぜ人類は、こんなにも神に憧れ、神に魅せられるのでしょうか。

それは、神の存在そのものが人類の生命の中に宿っているからです。

人類は、誰しもが意識を持っています。心を持っています。感情を持っています。思考を持っています。だが、神を自らの生命の中に宿していることに対しては、誰も気づきません。判ってはいないのです。

今日まで人類は、神秘なるものを内に見出さずして、外に向かって求めつづけてきました。宗教も科学も、外に外に、さらに外に向かって探求しつづけてきました。しかし、もっともっとさらに追究しつづけていくと、結局は内に到達してゆくものです。内なる宝庫に到達し、科学が求めつづけていたものと、宗教が探求しつづけていたものが一致するに至るのです。

科学も宗教も本来、人間が無限なる可能性を持っている事実に行き着くためのものです。そして人類は皆、すべての能力を初めから与えられていたことに気づくのです。

疑うことと信ずること

科学はあくまでも〝証明〟が本命です。人類のすべての内に無限なる可能性、無限なる能力が存在すると理論では突きとめても、現実にそれを証明することが出来ません。そのため、生涯をかけて証明してゆかなければなりません。

ところが宗教の道は、ただそれを〝信ずる〟ことのみで成り立つ世界です。科学の道のように、初めから物事を疑ってかかるものではないのです。

だがしかし、その疑いこそ、人類の進化、発展の原動力でもありました。科学の道を通して、究極的には、自らの存在そのものに行き着くのであるし、宗教の道を通してもまた、自らの存在そのものに目覚めてゆくのです。

どちらを行くのも、人間の自由です。それぞれ好きな道を選択できるように、各人に任されているのであります。

だがしかし、人類にとって〝疑う〟ことと〝信ずる〟ことのどちらが容易でしょうか。圧倒的に、人類の多くは疑うことのほうを優先し、疑いなしに素直に信ずることは、なかなか出来にくいものです。

疑うことは、まず物事を否定してかかることであり、信ずることは、物事を積極的に受け入れてゆくことであります。ですが、ここでいう〝信ずる〟とは、無知ゆえに信ずるという意味ではなく、無限なる直観、叡智を通しての信への道を指しているのです。

二十世紀の人類の闘争、戦争、紛争、飢餓などの歴史は、すべてがこの疑いから生じ、発生してきています。

他の人種、民族の血を疑い、それぞれの神を疑い、能力を疑う。そしてさらに、自分自身に対しても疑いの目が向けられてゆく。自分の才能、能力、資質、性格、人柄、血統を疑う。

自分自身そのものを信ずることが出来ずに疑うことほど、惨めで酷《こく》なことはありません。自分自らを否定してしまうからです。

自分自身に向けて発せられる疑いは、次々と周りに影響を与え、周りを汚染してゆきます。両親や子ども、親戚、友人、知人、さらに民族、人種、国家へと広がってゆきます。

疑いこそ、暴力、闘争、紛争、戦争の原点です。

その反対に、〝信〟ほど素晴らしいものはありません。人間の不信、疑いを超えて、我々の内面の奥深くに平安、静けさ、平和、愛、安らぎの源があり、その源から幸せや感謝が溢れ出てくるのです。

自らが自らを信じられるからこそ、他を信じ、他を受け入れることが出来るのです。この自らが自らを信ずることが出来ることは、究極の醍醐味です。

私にとって、科学も宗教も共に、〝人は常に、他に一切頼ることなく、縋《すが》ることなく、求めることなく、自らの内にある神、即ち無限なる能力をいかに引き出してゆくか〟にあります。私は、この両面のバランスを考えながら、究極のところに導いてゆくのです。

十万人の神人の働き

二十一世紀、神人たちの祈り、印の働きによって、シェルドレイクのいう〝形態形成場〟[注16]をつくり上げ、ある一定の閾値《しきいち》、即ち神人の数が十万人に達した時、人類に突然、平和がもたらされてくるのです。

まず人類に先駆けて、果因説を信ずることが先決です。因果律では、時間が途方もなくかかります。

そして人類に対して、人生とは本来、健康と幸福と繁栄であることを知らせ、人類即神也こそ究極の真理であることをお伝えしてゆくのです。

そうすると、戦争、闘争、紛争は完全になくなるでしょう。

十万人の神人たちが人々を、病気を創造しないよう導けば、やがて病気も消え去るでしょう。

十万人の神人たちが光明のみの言葉、想念を発し、光明のみの行為をなしつづけてゆくならば、人々の否定的想念の習慣も変わり、やがて人類すべてに否定的現象が生じなくなるでしょう。

十万人の神人たちが、自らの手によって、自らの内なる無限なる能力を発揮し、地上にはびこる果てしない不幸を次々と覆してゆくならば、もう人類は外に、他に頼ることはなくなることでしょう。

神人たちの果因説を前提とした生き方によって、人類は皆、たとえすぐに到達することは難しいにせよ、そこに至りたいという強い願望や衝動が起こり、自らをそこに導いてゆくのです。そしてこれからは、すべては内なる力によって解決してゆく時代に入ってゆくのです。

人間は偉大なる存在

十万人の神人の出現により、人類そのものが地上に生をうけたものの中で最も高貴なるもの、完璧なるもの、調和したるもの、光り輝くものとして世に明らかにされてゆきます。宇宙神は、人類一人一人の内に、神という真理を組み込んだのです。人類は皆、宇宙そのもの、神そのもの、真理そのものです。人類一人一人は皆、宇宙全体を内に宿している最も偉大なる存在なのです。自分自らは、宇宙に属しているものです。そして、自らの人生を輝かしいものに自由に創造できるようになっているのです。

あとわずかな勇気と決断力と信念が欠けているだけのことです。人間は自分が思っているような、そんな弱いものでもなければ、不完全なものでもありません。ただ〝出来る〟という意識が、〝完全〟という意識が欠けているだけなのです。

不幸を語りつづけると、不幸が強化される

誰もが幸福になる絶対なる可能性を有しているものなのです。だが、余りにも不幸続きのため、自分の脳裏から幸福という情景を忘れてしまっているだけのことなのです。そして、自分の不幸を嘆き悲しみ、それを人に告げ、語りつづけることにより、人の同情を引きつけ、自己満足しているようなものです。

これは、自分の不幸な状況をさらに固定化させていっていることになります。同じ言葉を繰り返し、自分にも人にも語りつづけることにより、不幸をさらに強化しつづけているのです。それに加え、人に不幸の強い印象を与えつづけることにより、自分を不幸な状況から脱け出せないように、自らが自らに故意に仕組んでいることになるのです。こういう生き方は、人生を否定する生き方の典型的なものです。

人はどんなに苦しくても、貧しくても、辛くても、その状況をさらに強化させるような言葉を出来るだけ語らないように心がけないといけません。ですが、仮に語ったとし

ても、必ずその状況を一掃させるような状況をつくり出し、締めくくれるよう努力するならば、問題はありません。

その光明思想の生き方こそ、五井先生の提唱する〝消えてゆく姿で世界平和の祈り〟です。

誰でも自分の苦しみ、病気の痛み、不調和の嘆き、人の死への悲しみは、自分一人の胸に押さえることが出来ずに、周りの人々に語ることにより、自らの苦しみや悲しみが半減されるものです。これは、確かなる事実です。人に語ることにより、喜びは二倍に、悲しみや苦しみは二分の一に半減されます。ですが、マイナスの言葉を何度も何度も語りつづけることにより、その苦しみや不幸な状況はなお一層強化されることを忘れてはなりません。

消えてゆく姿で世界平和の祈り

人は一般に、自分の不幸な状況、貧乏な体験を誰かに語りたいものです。語りたければ語ってもよいのですが、語りっ放しはよくありません。語ったならば、必ずその語ったマイナスの言葉を消さなければなりません。

この消す行為こそが〝消えてゆく姿で世界平和の祈り〟なのです。

今、自分が語った否定的な言葉を世界平和の祈りの中に投げ入れることにより、自分の心が救われ、また、語った相手の心の中にも、いつまでも残らないのです。自分も人も、その瞬間は、世界平和の祈りの神の大光明のひびきの中に住しているのです。

世界平和の祈りのひびきとは、無限なる調和、幸せ、平安、喜び、癒しそのものです。

人の中には、自分の苦しみや悲しみ、不調和の状態をまるで自慢するように語りつづける人がいますが、それは、真理を知らない人です。そのように苦しみや不幸を語りつづけることで、その状態がいつまでも終わることなく続き、そこから脱け出せなくなるのです。

なぜならば、否定的な言葉を飽きもせず、繰り返し繰り返し語りつづけているからです。そこに世界平和の祈りも消えてゆく姿の真理もないため、その否定的な言葉の繰り返しにより、さらに否定的な状況が強化され、固定化されてゆくのです。

ですが、真理が判っている人々は、苦しみや不幸の言葉を語っても、即、消えてゆく姿で世界平和の祈りに投げ入れてゆきます。さらに真理を深く理解している人々は、否定的感情想念を人に語らずに、自らの祈りの大光明の中に入れてしまいます。そして、今の自分の苦しみや不幸、悲しみや痛みの状況の中からさえも、ほんの少しの幸せや喜びを見出し、それらを人々に語りつづけるのです。

それを繰り返すことにより、今までの苦しみや不幸、嘆きや痛みは、知らないうちに薄れてゆくと同時に、幸せや喜びが強化され、現実化されてゆくのです。

それはそうでしょう。自らの苦しみや不幸の状況を自らにも語らず、人にも語らなければ、真理の法則により、それらの否定的な状況は強化されずに済むのですから。それどころか、自らの苦悩の状況の中からほんの些細な幸せや喜びを発見し、強化しつづけてゆくため、幸せや喜びが固定化されてゆくのです。

神人と果因説の生き方

人間は、いかなる不幸な状況においてさえも、幸福を前提とし、健康を前提とし、豊かさを前提として語りつづけてゆくならば、必ずその語りつづけた通りの状況を自らが創造してゆけるのです。

人類は、その真理を知らなければなりません。その生き方こそ果因説の生き方です。果因説とは、たとえ現在、因果律によって最も不幸な状況にあろうとも、その中で人類の偉大なる魂の存在（人類即神也）を認識して生きる術《すべ》です。

我々が最後に行き着く地点であるべき幸福を前提とし、平安を前提とし、永遠なる生命を前提とし、我即神也を確信として語りつづけるならば、必ずその語りつづけた通りの状況をつくり出してゆくのです。それが宇宙の法則でもあります。

故に神人は、常に光明一念の言葉のみを語りつづけているのです。そして感謝行を行ない、印を組みつづけているのです。

神人たちは、世界最高の生き方を世に示しつづけています。そして、宇宙の法則の通り、完全なる光り輝く神の姿が自らの上に顕現されてくるのです。

さらに、我々神人が常に幸せで、感謝の言葉を語りつづけてゆくならば、我々の周りで我々の言葉に耳を傾ける人々の心の中に、少しずつ光明思想が波及していくのです。人類のほとんどが不幸を語り、戦争を語り、病気を語り、貧困を語りつづけている中にあって、我々は常に果因説によって生きつづけているのです。

今日に至っても、人類の大半がマイナスの言葉を使いつづけ、その状況を強化しつづけているのは、少しも変わりません。そのため、我々神人は、たとえ今、いかなる状況に立たされていようとも、究極の真理〝人類即神也〟の大前提のもとに、調和、幸福、健康のみを語りつづけているのです。

このような神人たちが今、地上に存在しなかったならば、二十一世紀もまた、二十世紀と同じく、否定的な言葉によって戦争、貧困、病気、飢餓等といった否定的状況がつくり出されてゆくのです。

故に、神人たちの存在は、実に尊いのです。神人一人一人が考えている以上に重要な任務を負っている、偉大な存在なのです。

もっとも、神人一人の存在は、その神人の周りに少しずつ、人類即神也の生き方を芽生えさせる種を蒔きつづけているのです。これにより、マイナスの思考、想念、言葉、行為は浄められていくのです。

人は無意識に自分のことを語りますが、その語ったことは、他者の心の中に形成されつづけていきます。自分の語ったことがそれほど影響力のあるものだという事実を知らなければいけません。それは二十世紀の否定的な想念の波及を見れば明らかでしょう。

神人のように、人類に先駆けて人類即神也を宣言し、印を組みつづけていると、自分の周りから人々の否定的な生き方が転換されてゆくのです。

自らの幸せを語りつづけよう

神人は決して遠慮せずに、自らの幸せを語りつづけてゆくべきです。誰かが率先して幸せを語りつづけなければ、人類に幸せは決して訪れません。そのためには、一人でも多くの人々が幸せや喜びや希望を語るべきです。そして、絶対に否定的言葉を使用せず、光明思想のみ語りつづけてゆくべきです。

そうすることにより、まず自らが語る通りの状況を現実に現わし、周りの人々もそれに同調し、幸せで感謝の生き方を創造してゆくのです。

何よりも嬉しいことは、自分の語りつづけた通りの状況が強化され、固定され、現実化されていくという真実です。と同時に〝我即神也〟そのものが自然に顕現されてくるということです。

それが保証されているのです。何と有り難いことでしょうか。これこそ、果因説の生き方そのものです。

（注16） イギリスの生物学者ルパート・シェルドレイクによれば、自然界には電気や磁気や重力以外の、未知の力の場が存在するという。彼はそれを「形態形成場」あるいは「形の場」と呼んで

いる。自然界に、ある形や活動がひとたび放たれると、その形や活動パターンが宇宙に刻印され、この形の場の共鳴作用によって同じような形や活動が起こりやすくなるというのである。生物の遺伝や進化にはこの形態形成場が関与している、と彼は主調している。

このシェルドレイクの仮説は、科学界に大きな論争を呼び起こした。そこでイギリスのBBC放送は、彼の仮説を検証するために「パズルの絵」の実験を行なった。一見すると何が描いてあるのか判定するのが困難な図柄を人々に認識させるという実験である。最初、その絵を正しく判定できた人は四％しかいなかった。次に、その絵をテレビで放映し、答えも教えた。何百万人もの人がこの絵を見たあとで、まだこの絵を知らない人に絵を認識させると、今度は正答率が七％に上がっていた。これは統計学的に「偶然」では説明できない数字であり、この実験結果は、大勢の絵を見た人によってこの絵の形の場が形成され、絵を見なかった人も、この形の場に共鳴して絵を認識しやすくなったことを示していると解釈することができるという。

別の実験は、日本の本物の子守り歌と、でたらめの歌詞に新しいそれらしい曲をつけた偽物の子守り歌を、日本語も日本の音楽も知らないイギリス人とアメリカ人に覚えさせる、という実験である。これも、本物の歌のほうがはるかによく覚えられる、という結果が出た。

船井幸雄氏は、このシェルドレイクの仮説を使って「百匹目の猿」現象を説明している。宮崎県の幸島という島で、一匹の猿が餌のイモを水で洗って食べるようになった。いわゆる猿まねによってそのような猿が少しずつ増えていったが、あるとき一匹の猿がその習慣に加わると、群れ全体の猿が一挙に同じ行動をするようになった。そればかりでなく、幸島の猿とは接触がない、遠く離れた大分県の高崎山の猿たちも同じ行動を始めたという。イギリスの科学ジャーナリスト、ライアル・ワトソンは、イモ洗いを猿全体の習性にするのに決定的な一撃を与えた最後の猿のことを、象徴的に「百匹目の猿」と呼んだ。シェルドレイクの仮説によれば、イモ洗いという形の場が十分に強くなった時、猿の群全体がそれに影響されて、同時に同じ行動を開始したと考えることができる。

参考文献　ルパート・シェルドレイク『生命のニューサイエンス』（工作舎）
喰代栄一『なぜそれは起こるのか』（サンマーク出版）
船井幸雄『百匹目の猿』（サンマーク出版）

神人と果因説の生き方

「我即神也」の記憶を蘇らせる

『白光』二〇〇六年四月号より

眠っていた真理が今、蘇る

宇宙と生命をつなぐ空間、次元。その中で、生きとし生けるものすべてが脈々と、宇宙大生命に同じ鎖でつながっています。我々人類もまた、宇宙大生命の大光明の中にスッポリと包み込まれて生存しています。その人類の肉体を構成している細胞、遺伝子の一つ一つの中にも、無限なる真理「我即神也」そのものが刻印されています。人類が地球のどこに在ろうとも、宇宙大生命の大光明を等しく受け、スッポリ包み込まれているのです。

宇宙大生命は、空間や次元を超えて無限大に広がり、宇宙の果てであれ、地の果てであれ、生きとし生けるものすべての生命をその法則のもとに司っています。宇宙は途方もなく壮大で、神秘に充ち、驚異的です。その宇宙の余りにも計り知れない神域の中に今、我々は生きています。いや、生かされています。「私」という一人の存在そのものは、余りにも小さく、余りにも取るに足らない塵芥のような存在に思えてきます。それが人類の一般常識です。

だが、それは全く違うのです。それは人類の過去の誤った習慣の想いしかありません。我々は誤った知識によって洗脳され、愚かな常識によって眼を曇らせられ、幽界の想念に支配され、まさに機能不全にまで陥っています。人類はみな、本来の究極の真理「我即神也」を見失い、宇宙大生命の存在すら記憶にないのです。

我々人類一人一人は、れっきとした宇宙大生命の分け生命《いのち》です。神の子です。いや、神そのものであります。しかし、この究極の真理そのものが、いつの間にか自らの意識から拭い去られてしまいました。自らの肉体を構成する遺伝子の一つ一つに深く刻印されている真理「我即神也」そのものは、自らの意識の奥深くに眠らされてしまいました。深い深い眠りに陥らされてしまったのです。

このかつての目覚めた感覚、意識を蘇らせた者は、ごく少数の聖者、賢者と呼ばれる人のみでした。人類は何度も何度も輪廻転生を繰り返し、長い長い幻想という終わりのない旅をしつづけてきました。宇宙大生命の究極の真理が埋め込まれた遺伝子を自らが目覚めさせることは、かつてなかったのです。

だがいよいよ、全人類がみな一人残らず目覚めるその時に至りました。その先駆けとして、自らの肉体の遺伝子に埋め込まれている究極の真理に目覚めた人たちが現われ始めました。本来すべての遺伝子の中に存在しつづける真理。今日まで一切変わることなく、変滅することもなく、永遠に存在しつづけていた神秘なる究極なる真理。その中に含まれている無限なる神秘能力、可能性。それらを蘇らせずに、目覚めさせずに生きることの虚しさ、はかなさ、愚かさに気づき始めた人々がいます。神人と称される人たちが、究極の真理を深い深い眠りにつかせたままで、どうして生きつづけることが出来ようか、いや出来ないということに気づいたのです。

ですが、多くの人類は違います。だからこそ、未だに迷いつづけ、道を誤り、真理を見失い、乱れに乱れ、今日の破滅的状況を招いてしまったのです。

神人は今こそ人類を代表して、この眠っていた能力を現わす時に至ったのです。人類一人一人の中に宿るその根源の力、神秘なる可能性、無限なる叡智を蘇らせるためには、一体どうすればよいのでしょうか。そのために天から授けられたのが、世界平和の祈りと印です。これらの方法によって、人類は宗教、人種、民族、主義主張を超えて互いに対話するという、これまでにない機会に恵まれ、真の相互理解を深めつつあるのです。そしてやがては世界レベルでの理解、刷新の機会を迎えるのです。

二十世紀における古くなった価値観、過去何世代にもわたって私たちの生活を支配しつづけてきた物質偏重の信念は、今こそ祈りや印によって覆されるのです。「功を成し遂げる」「権力を極める」「財力を蓄える」「知識を詰め込む」これらを学ぶ時代は終わりを告げようとしています。これらの学びは、本来人間に備わっている無限なる能力を発揮させず、逆に内へと抑え込み、奥に眠らせてしまうからです。

間違った努力を重ねることの弊害

小手先の目に見える外面の現象を摑み、それに向かって精進努力し、自らを鍛え抜く。このような信念は、人間本来の在り方、生き方に沿ってはいません。人類にとって真に「生きる」ということは、自分自身をいかに偽りなく表現し、行為するかに尽きるのです。人類は一人残らず、元々備わった無限なる資質があります。それをどのように引き出し、生かしてゆくかが問われるのです。自分自身を嘘偽りなく、素直に、純粋に、在るがままに表現し、行為してゆくことに価値があるのです。そうすることによって、自然に人間は生命輝かに、無病の身となるのです。

人間が病気になるということは、そこに必ずや無理があるという証です。自分そのものを素直に、純粋に表現できない、そこに偽りの自分があるということです。そのため、自らの無限なる可能性を自らの功のため、金のため、権力のため、名誉のために、歪んだ方向へと導いていってしまうのです。何かを得るために一生懸命努力する、精進する、訓練することとは、一歩間違えば不自然なことを自らの脳や肉体にインプットさせることになります。人類は常に大自然、宇宙の法則に沿って、在るがままに自らを生かし切ることが大切なのです。ですが、自らの単なる頭の働きにより、自らの思考により、よかれと思って何年もかけて学べば学ぶほど、努力すれば努力するほど、練習すれば練習するほど、精進すれば精進するほど、本来の宇宙の法則から外れた誤った道を繰り返し繰り返し励むことになるのです。そして長い年月をかけた血と涙と忍耐と不屈の精神の結晶は、結果的には自らを本道から外れた誤った方向へと導いていってしまうのです。完全に誤った信念が、心や肉体の芯まで刷り込まれ、ついには自らの心も肉体も壊されてしまうのです。二十世紀、常識と言われつづけてきた努力、忍耐、精進、練習を通して、繰り返し繰り返し、言葉と行為に表わし、反復しつづけてきたことの弊害により、人類はまさに破壊、滅亡の道へと導かれていったのであります。

自らの固定観念により、誤ったことを繰り返し繰り返し反復しつづけ、脳と肉体にインプットしつづけるという行為は、本来在るべき状態ではないのです。不自然極まりない状況を脳や体に刷り込んでゆく行為そのものなのです。その結果、それが破壊行為そのものとなることは、言わずと知れたことです。そして、誤った道を歩みつづけてきた自らを本来の道に戻すのは、並大抵のことではありません。誤ったことをインプットしつづけてきた数十倍の時間、努力、精進、意識が必要になります。

祈りと印により、誤った信念を修正する

人類はみな一人残らず、自らに本来備わっている無限なる能力に目覚めなければならない時に至っているのです。人間がもともと有する能力に……。

それを最大限に引き出す方法が祈りであり、印です。印を組む時は意識を集中し、一つ一つの動きを丁寧に理解し、繰り返し繰り返し完璧に組みつづけてゆきます。神人と称される人々は、その印を数千回、数万回と組み、そのあと究極の「呼吸法による人類即神也の印」[注17]を組むに至るのです。それによって、全く自然体にて宇宙神と一つにつな

がってゆくのです。

最初に印を組む時は、意識を集中します。そのうち無意識に正しい印を使いこなすことが出来るようになります。終いに呼吸そのものが深い呼吸へと習慣づけられてゆきます。そうなれば、極意に達したことになります。

先天的に授かっている無限なる能力を引き出してゆくために、正しい宇宙の法則に沿った印を組みつづける訓練をするのです。そのうちに自らの印に磨きがかかり、もう無意識に宇宙法則に沿った印を組むことが出来るようになります。そうなると、自らの無限なるいかなる能力も才能も感覚も叡智も縦横無尽に発揮できるようになります。病気は勿論のこと、いかなる災難も事故も天変地異も自然に避けられ、災いが生じることは皆無になります。

印を組む、ただひたすらに組む……。その先にあるものは、自由自在の世界、光り輝く世界、大調和の世界、無限なる可能性を秘めた世界。その世界が展開してゆくのです。

印を組むことは誰にでも出来ます。ですが、印に出会わない人々が何と多いことでしょうか。今生にあって、宇宙の法則を知らず、究極の真理に縁のない人が何と多いことでしょうか。彼らもまた一生懸命、ひたすら生きています。我々がかつてしてきたように、日々努力し、精進し、忍耐し、修行し、訓練し、より立派に、より高く、より幸せに、より豊かに、より平安になるために、夢中で、懸命に、真剣に、そしてまじめに生きているが、根本が間違っていれば、それらのすべては決して報われません。なぜなら意識の向け方が間違っているからです。

何かを学ぶ、何かを練習する、何かを訓練する、何かを修行する……という生き方は、常識的に言えばとても前向きな、よい生き方だと皆が思っています。だがしかし、そこに落とし穴があるのです。一歩間違えば、インプットしてはいけないことを毎日毎日、繰り返し繰り返し、一生懸命入れ込んで、脳に刺激を与えているのです。脳に間違った課題（指令）を与えることは、取り返しのつかない結果を生むのであります。

しかし、「消えてゆく姿で世界平和の祈り」や「我即神也、人類即神也の印」などは全くその反対で、内なる能力が極めて自然に引き出されてゆきます。すべてがよくなってゆきます。すべてが完璧に調ってゆきます。すべてが調和してゆきます。すべてが平安で幸せに導かれてゆきます。なぜならば、祈りや印により、宇宙の法則が、究極の真理が、自らの運命上に顕現されてくるからです。と同時に、世界の運命をも変えてしまうほどの無限なる力と光を放つのです。

人真似をせず、「源の自分」を顕す

私は、真理の教え「消えてゆく姿で世界平和の祈り」も「我即神也、人類即神也の印」も、すべて一人一人の状態に応じて、それぞれに必要なことを、自分自身で気づいてゆけるよう誘導しつづけています。決して他に依存させず、本人が自らの内に存在している無限なる能力、可能性に気づいてゆくよう、そしてそれを発揮してゆくよう導いているのです。

人類みな千差万別です。その人に一番適した方法を見極めることが大切なのです。ですが、百人、千人、一万人に同じように教えを説いて、同じように理解させ、皆に同じ道を歩ませるやり方は、個の本来持っている能力を発揮させるどころか、埋没させかねません。百人、千人、一万人がみな同じ、というコピー人間がたくさん生産されるだけで、個々人は真の己れを理解してはいません。ただ皆が一斉に行なう訓練、修行、学び、体験を通して納得しているにすぎないのです。だからこそ、依然として自らの無限なる能力を信じられず、自立できず、常に他への甘えや依存、責任転嫁が絶えないのです。そんな中途半端なコピー人間を増産しても全く意味がありません。一人一人が自らの無限なる能力、可能性を認め、発揮し、何も迷わず、疑わず、自らの意志で、確信を持って自らの未来を決定し、歩んでゆく。その生き方こそ本道なのです。

大自然界に生きている動物を見ると、それは明らかです。動物によって、自らの能力を開発してゆく分野が異なります。その分野をそれぞれが見事に見極めて、自らの能力を自然に、最大限に発揮してゆくのです。

たとえば、果物を食べないライオンが素早く木を登れるよう訓練しても、本来の潜在能力を発揮しているとはいえません。また、果物を食するサルがいかにライオンのように俊足に広野を走れるよう訓練しても、高い木になる果物を取ることは出来ません。動物が獲物を捕る動作は、外面的には全く異なるものですが、その内なる分野は根本的に同じです。それを、それぞれの個性に合わせ、磨き込んでこそ、生存可能となるのです。従って、サルがライオンの真似をして毎日厳しい訓練をしても、またライオンがサルのように木を自由自在に登る修行をしても、本来の個を発揮するには至らないのです。自分の目的が何であるかによって、磨くべき個の能力はそれぞれ異なってくるのです。

要するに、いかなる高い教えも、崇高な祈りも、宇宙の法則に沿った印も、それぞれが理解し、体得して悟ることによって初めて、個を発揮してゆくことが可能となるのです。自らに潜在している無限なる能力を、自らが否定し、ただ他人の真似をして、知識や常識によってつくり出されたものを信じる。そんな単一的なコピー人間が造り出されても、砂上の楼閣のようなものです。何かが自分の身の上に差し迫ってきたならば即、崩れさってしまいます。なぜならば、個々人がしっかりと自らの信念のもとに生きていないからです。人のやることとなすことをただ単に真似し、何も考えずその方向に沿って、皆が一律によいとみなす行為、努力、訓練、修行、精進、忍耐を一生懸命重ねて、むやみやたらに頑張っている状況なのです。これでは真の救われはありません。内に厳然と存在している無限なる能力、直観力、叡智は否定されつづけ、ただ単に頭がつくり出した固定観念に縛られ、がむしゃらに生きているといった状態です。こういった人々はみなよい人、まじめな人、努力の人と呼ばれていますが、自分の頭の中で編み出したこと、設計したこと、考え出したことを自己顕現させたいのなら、それらの無限なる能力が初めから自らの内に存在しつづけているということにまず気づくことが大事なのです。在るがままの自分、偽りのない自分、純粋で限りなく素直な自分、無限なる直観力や叡智に富んでいる自分がもともと内在しているのです。その源の自分を顕現させることこそが本命なのであります。

長い間、常識や知識の世界にどっぷりと浸り、その支配を受けてきた人たちは、これからが大切なのです。それは、今まで培ってきたそれらの知識をいかに捨て去ることが出来るか、ということです。それこそが宇宙の法則に乗るためのカギなのです。

過去は全体を見る目を養うためのプロセス

ですが、私はここで、あなた方が通ってきた、学んできた、積み上げてきた過去を決して否定しているのではありません。学んだことは、それなりに全体の一部となって必ず生かされています。何事も無駄はないからです。しかし、この真実に気づいたなら、これからは過去に把われ、執着してはなりません。今までの常識や知識を超えることによって、初めて無限なる可能性に気づき、目覚めてくるからです。あなた方が積み上げてきた過去は、それらの気づきを自らに促すための、そして究極の真理に出会うためのプロセスであったのです。

何事もこの世に偶然はありません。すべてが必然です。真理を学ぶためのプロセスなのです。全体の一部分、一分野を専門的に究めてゆく方法も一つの生き方ではあります。病気の治療一つとっても、全体をみてホリスティックな治療を施す人と、ガンの専門家のようにその分野には素晴らしい能力を発揮する人がいます。しかし、ある特定のガンには詳しくても、他の臓器のガンに関しては全く与《あずか》り知らぬような状態では、首を傾げたくなりませんか。ある専門分野の道に卓越した生き方とは、いわば一つのキーであり、一つのドアしか開けることが出来ませんが、ホリスティックな道を極めた人の生き方は、マスターキーのようなもので、たくさんのドアを開けることが出来るのです。要するに、宇宙全体を、究極の真理を理解することは、その傘下に組み込まれているあらゆる小さな部分、分野をも同時に理解できるということです。

「我即神也」の記憶を蘇らせる

人類はみな、自分の能力に気づかねばなりません。そして、目覚めなければならないのです。その絶対なる方法を示しているのが、世界平和の祈りであり、印です。世界平和の祈りや印は、神に依存して自らの権能の力を譲り渡すものではありません。祈り、印を組むことによって、本来の無限なる能力が最大限に引き出され、自らが自らの人生を輝かしく創造してゆけるのです。と同時に、世界人類の真理の目覚めのため、世界平和のためにも貢献してゆけるという、個人人類同時成道の道なのです。

自らを愛せない者、赦せない者、信じられない者は、決して他の人をも愛せないし、赦せないし、信じられないのです。自らを「我即神也」と認識できない者は、決して他の人をも「その人即神也（人類即神也）」と認められないのです。この究極の真理「我即神也」を限りなく自らの言行に表現してゆくことこそが人生そのものなのです。この「我即神也」に意識が集中するならば、すべては完璧に調ってゆきます。

ですが、人類の多くは自分の人生を創造するにあたり、常に自分の過去の記憶を根柢として、自らの人生の選択、決断、決行を行なっています。彼らが未来を決定するその基準は、常に過去の忌まわしい記憶、辛く悲しい記憶、挫折や絶望の記憶、両親に愛されなかった記憶、思い出したくもない自らの恥部、おぞましい体験、裏切られた記憶……。これらが基準となっているのです。自分の未来について選択、決断する際、これら過去の記憶が思い出されるのです。もう騙されまい、もう捨てられまい、もう裏切られまい、もう損はしない、もう愛さない、絶対に赦さない、もう失敗はすまい……というように、自分の心の中で、決して同じ道を辿るまい、二度と失敗を繰り返すまい、今度こそは……という過去の想いが脳にしっかりとインプットされていて、いざ選択、決断をする際、そのインプットされた記憶に基づく思考が前面に出てしまうのです。そして、決してしたくない、繰り返したくない、二度と失敗したくない、苦しみたくない、傷つきたくない、悩みたくない……といった情念がもたげてきて、却って〝したくない〟という意志とは全く逆の生き方を、結果的に選択、決断、決行してしまうのです。これは、意識的には、〝二度と同じ過ちをしないためにも、過去と同じ選択、決断、決行は決して繰り返すまい〟と、十分に頭では分かっているのに、いざとなると無意識の分野、過去の記憶の潜在意識が表面意識を覆し、過去と同じような選択、決断、決行をしてしまうのです。何故そうなってしまうかというと、それは過去の記憶が脳から消えていないためです。

この過去の記憶を消さなければならないのです。それを消すことが出来るのは、「消えてゆく姿で世界平和の祈り」であり、「我即神也、人類即神也の印」であります。

これまで述べてきたように、自分が下した決定には、自分でも驚くほどです。どうしても無意識の選択のほうが強いのです。それらは長い長い長い間、過去の記憶を脳の中にインプットし、洗脳し、刷り込ませた結果に他なりません。故に、このことが本当に心の底から理解されない限り、同じ過去の誤った道を辿りつづけることになります。輪廻転生の域を脱し得ないことになるのです。

それは人類の歴史を見ても明らかでしょう。人類は意識的に平和を心から愛し欲しているにもかかわらず、無意識に戦争へと導かれてしまう。病気を避けたい、病気になりたくないと誰もが欲しているにもかかわらず、病気にかかってしまう。二度と失敗したくないと心底願いつつも、同じ失敗を繰り返してしまう。これはみな、自分の無意識の決定です。その無意識の選択、決断、決行を、完全なる意識の選択、決断、決行に導いてゆかねば、自らの人生も人類の未来も決してよくはなりません。そのためにも、人類一人一人みな、個の責任において自らの個の記憶に翻弄されないよう心掛ける必要があるのです。過去の記憶に振り回されず、過去の消えてゆく姿として世界平和の祈りに投げ込まなければなりません。または、自らの根源の過去の記憶「我即神也」を呼び戻し、目覚めさせなければならないのです。そのための「消えてゆく姿で世界平和の祈り」であるし、「我即神也、人類即神也の印」です。この高い深い広い究極の真理に出会える人、理解できる人こそが、人類に先駆けて、自由自在に意のままに無限なる幸せ、平安を手にする人です。

なぜならば、人類みな等しく無限なる能力、可能性を内在させているからです。いかなる病気も不幸も災いもない世界を、祈りや印により選択、決断、決行するからです。

（注17）「呼吸法による人類即神也の印」のこと。特別な呼吸法を伴った印で、組むためには講習と伝授（無料）が必要。呼吸法の印をお組みになりたい方、ご関心のある方は、白光真宏会伝道グループ（☎０５４４―２９―５１０５）までお問い合わせください。

「我即神也」の記憶を蘇らせる

私が語る言葉

『白光』二〇一〇年六月号より
（二〇一〇年二月の富士聖地における行事の法話）

次元上昇した二〇一〇年の神事

皆様方の魂の中には〝神は無限なる愛であり、赦しであり、叡智であり、幸せであり、健康であり、生命であり、パワーであり、光である〟という真理が何万回となく刻み込まれ、入り込んでいます。そのため、次元が上昇しました。これからは言葉を発する前に、「私は我即神也だ。我即神也の〇〇〇〇自身が、これからは言葉を放つのだ」と意識するのです。

皆様方の次元においては、「マイナスの言葉を出来るだけ話さないように、話さない

ように、話さないように……」という段階はすでに終わっています。皆様方の頭の中に、マイナスの言葉を話すことは入っていません。入っていないのです。皆様方が語る言葉は光明の言葉のみでしょう。これ（否定的な言葉を自ら発しないよう気をつけること）はすでにクリアーしているのです。

クリアーした結果、次のステップでは、自分が言葉を発する以前に、「私は今、我即神也だ。我即神也の自分自身が、これから言葉を放つのだ」と意識するのです。深呼吸して、何か一言話す前に、必ずそれ（「我即神也の私が、人類即神也の相手に語る」と意識すること）を入れるのです。言葉によって人類の人生が創造されていくわけですから。

言葉、想いが人生を創るのです。今まで無意識に語っていた言葉が、無意識の人生を創ってきたのです。

これからは、言葉を発する前に必ず「〃我〃という自分が語るのだ」と意識してください。今までは「我が語る」ということを意識せずに、相手の意見に対して「あなたダメよ」「あなたはそう言うわね」と言ってきました。しかし、〃あなた〃という以前に、

〝自分〟が語るわけでしょう。これからは、その〝自分〟を意識するのです。どのような自分が語るのか。今まで無意識に生きてきた自分ではなく、神を顕現した〝我〟が語るのです。

〝語る自分〟を意識する

我即神也が語るという、その〝我〟というものを意識してください。すると、無意識の言葉が出てこなくなります。いい言葉しか出てこなくなるのです。神様は悪い言葉を語るでしょうか？　否定的な言葉を語るでしょうか？　病気の苦しみや悲しみや不平不満を語るでしょうか？　神様はおっしゃらない。神様が語る言葉はすべて、輝きの言葉、愛の言葉、赦しの言葉、光の言葉です。

今まで私たちは、〝語る自分〟というものを忘れて、ここにいる自分が当たり前のように話をしていました。しかし、今日から新たなスタートです。夫に、子どもに、学校の友達に、それから対人関係の場において。もちろん、相手に「これから我即神也の私があなたに語りかける」などと大げさに宣言する必要はありません。それはあくまでも心の中でいいのです。

今から話す〝私、我〟はどのような私であるのか。普段、無意識に生きている私であるのか。習慣や過去に把われている私であるのか。なぜ言葉を語る前に〝我〟と意識をするかというと、皆様方にとっての我は、もう我即神也になったからです。その我即神也の我たる私が語る言葉であれば、否定的な言葉は絶対に出てこないのです。必ず相手の我を見て語るでしょう。神様の我は、相手の醜いところ、汚いところ、汚れているところ、罪は決して見ないのです。赦ししか見ないのです。愛しか見ないのです。素晴らしいところしか見ないのです。

皆様方はこの境地に至るために、過去一つ一つの神事を何年も繰り返してきたわけです。

一般の人たちを見ると、過去に執着した私、常識に把われている私、固定観念に引っかかっている私、不平不満を持っている私、すべてを批判している私、すべてが悪い、この世は不幸だと思っている私が語っています。

しかし、「自分が語る言葉は神の言葉」でしょう。これからの皆様は、神が語る。相対した人から否定的な言葉をかけられても、自分が批判されても、自分が憎まれても、何をされても、神の私は相手に神としての答えを返す。相手のいいところを見てあげる。

〝赦してあげよう〟〝なぜそういう言葉を語りかけるのかな〟と思ってみるのです。〝なぜだろう。ああ、彼らは苦しいのだ、悲しいのだ。だから対立したいのだ。自我が出てしまうのだ〟。そのように思って赦す自分がいるのです。それが神の私です。

過去の私が語るのではありません。苦しい、悲しい、病気になるのではないか、リストラになるのではないか、と思う私が語るのではないのです。過去の自分が語ると、悪い言葉が出てきます。非難も出てきます。自分は馬鹿だとか能力がないとか、偉い人の前では卑屈な言葉しか語れない。そうではないのです。

過去には何の力もない

大切なことをお話しします。

皆様方はまだ過去を摑んでいます。過去というものはなかなか忘れられないのです。過去の苦しいこと、悲しいこと、辛いこと、悔しいこと、恨みの言葉。皆、いろいろな過去を摑んでいます。

しかし、過去の出来事が、今に向かって飛び込んでくることはないのです。過去の出来事というのは、もう過ぎ去ったことなのです。悔しかったこと、苦しかったこと、虐められたこと、失敗したこと、悲しかったこと。その過去の出来事は、今生きているこの自分の中に飛び込んできて、自分の人生をストップさせることはないのです。

過去には何の力もないのです。ここが大事です。過去のあらゆる苦しみ、悲しみ、傷み、悩み。それらは物であれ、想念であれ、出来事であれ、何の力もないのです。それを思い出す自分が、その過去の物や想念や出来事に力を与えてしまって、それを自分で取り込んで、その取り込んだ過去の想念を思い返して自分を不幸にしているのです。

だからこそ、五井先生は消えてゆく姿を説かれたのです。消えてゆく姿とはそのことなのです。過去のあらゆる出来事に自分の想いが行かなかったら、そこには何の力も禍《わざわ》いもない。過去には、今の自分の現実や自分の未来にストップをかけ、ダメにする力など何一つないのです。何一つないのです。過去、どんなに相手が自分を苦しめたとしても、その過去の出来事には何の力もないのです。

では、なぜ自分が苦しむのでしょうか。それは我即神也でない自分が、過去に味わった苦しみや恨み、憎しみ、嫉妬心、そして競争相手に負けた悔しさ……といった自分の想いに把われ、その過去の出来事を改めて摑んで、それに力を与えてしまっているのです。

過去一切――それがどんなに酷くて凄くて辛いものでも、今の自分に災いする力など何にもないのです、それらには。何一つないのです。ですから過去を離した人は、即、未来を創っていくことが出来るのです。しかし、我即神也がわからなければ、また過去を摑んでしまいます。

この人類の苦しみや悲しみや闘争や、宗教対立も人種差別も殺し合いも、すべて過去でしょう。みんなが過去を摑まなかったら、あるのは未来だけです。多くの人類には、それがまだわからない。でも、皆様はもうわかっておられるはずです。それだけの力があるのです。大きな地球のカルマを防ぐことが出来るのです。なぜ出来るのですか？それは皆様が我即神也を摑んでいるからです。次元上昇が出来たからです。

過去の自分か？　神の自分か？

ですから次のステップです。「私が語る言葉は、神そのものの言葉であり、私が発する想念は、神そのものの想念であり、私が表わす行為は、神そのものの行為である」。皆様がこれから話す言葉は、過去ではなく今です。過去、皆様方はいろいろな言葉を吐いてきました。私も含めて吐いてきました。しかし、過去に吐いてきた言葉は浄まっています。なぜならば、私たちは自分の言葉を浄めてきたのです。さらに人類の否定的な言葉を光に変容してきたのです。

さあ、これから皆様方はリーダーのリーダーのリーダーとして、いよいよ本格的な神そのものに入っていきます。我即神也の私が語るのです。過去の私、執念深い私、嫉妬深い私、競争意識の激しい私、負けず嫌いな私、エゴイスティックな私が語るのではない。

エゴがあると、自分が自分が自分が自分が自分が自分が……と、自分がどれだけ尊いかを示そうとします。しかし、よい経歴の私が語るのではない。すごい力のある私、自分は立派な人間だという私、お金持ちに生まれた私が語るのではない。あなたと自分とはこんなに違うのだという私が語るのではない。

神の私が語るのです。愛深い私、すべてを赦せる私、光り輝く私が語るのです。その私が語った言葉こそが未来を創ります。そしてチャクラを通して、ヴェールに透かし出されるように自分の未来を見ることが出来るようになるのです。

これは、実際にやっているうちにわかってきます。そこまで皆様方は来たのです。自分を褒めてください。本当に褒めなくてはいけません。自分を愛せない人は人をも愛せないのです。自分に誇りを持つということは、自分はよい経歴を持っているのだ、自分は難しい試験に受かったのだ、自分は立派なのだ、自分は他より優れているのだという自分ではないのです。それは過去の自分です。競争意識の激しいエゴイスティックな自分です。

ブランドの洋服を着て「何て美しいんでしょう」と思っている私も、それは神の自分ではありません。そのブランドの洋服を着ることによって、「あなたより私は勝っているのよ」と、エゴの気持ちで思っているのです。もうそれは皆様にはないのです。でも、ふっと過去を引っ張ってたぐり寄せると、あの洋服、あのハンドバック、あの家、あの資格というものが思い出され、それらを思い出して語る時には、そこに自分自身の想いの力が入ってしまう。自分の想いが過去に力を与え、そのため自分はまた嫉妬深くなって、人を責めるのです。人の欠点を突くのです。そして自分のエゴが喜ぶ。これだと過去へ戻っていくのです！

いいですか？　ここが難しいところですが、皆様にとって難しくないはずです。まずは、何かを語る前に、「我即神也の私」と、一瞬、意識すればいいのです。これにはコンマ何秒もかかりません。

意識があれば出来ます。でも、無意識なら忘れてしまいます。ですから呼吸法が大事なのです。呼吸法でふっと「私は神の言葉を語る」と思えば、神の語る言葉が無意識に出てくるのです。そこには愛の言葉しかない。光の言葉しかない。相手を励ます言葉しかない。相手の存在を褒め讃える言葉しかない。調和の言葉、喜びの言葉、健康の言葉しかない。それしかない。

過去のものは摑まない。過去に力を与えない。人類はなぜ不幸なのか。それは人類が過去に力を与えているからです。過去の出来事に力を与えているからです。過去の否定的な想念に力を与えているからです。過去に想いのエネルギーを与えてしまっている。ですから私たちはその人類を代表して浄めたのです。我々は浄めたのです。そのためのご神事を、人類を代表してすべてやってきたのです。

我即神也の私は傷つかない

ですから、これから平和を創るのです！　平和は本当に来ます。平和はやってきます。私たちのしてきたことは、人類を平和にするためのことです。人類即神也を実際に見る、そのためのことなのです。我即神也の私が語るということは、人類即神也を見られるということです。そこまで来たのですよ。

いつもの無意識の自分であれば、相手も欠点だらけに見え、その人を見て語ってしまうわけです。ですが、我即神也の私が語る時は、相手も人類即神也です。皆様はここまで来たのです。本当に自分を褒めてください。

私は本当に皆様を褒めたいのです。なぜなら、ここまで皆様はコツコツと五井先生の消えてゆく姿と世界平和の祈りを実践してこられました。消えてゆく姿とは何か。過去を摑まないということです。過去が出たら「消えたのだ」と思うことです。

消えたのに、また同じことを繰り返して思い返すから、貧乏も治らないし、幸せにならないのです。過去を離れれば、幸せになるのです。

過去に力を与えないことです。過去は何の力もないということを頭で知らなくてはいけません。力があると思っているのは、自分自身が過去を引っ張り出して、それに力を与えて、その出来事を改めてひっくり返して楽しんでいるようなものです。下らないことに力、エネルギーを与えています。

ですから、一言、言葉を発する前に「我即神也の私が語る。相手は人類即神也」。我即神也が人類即神也に語るのだということを意識するのです。

ただ、相手はまだ真理をわかっていない場合もあります。相手は本来、人類即神也であるけれど、まだ過去ばかりをほっくり返している場合、依然として理不尽なことを言われるかもしれません。しかし、我即神也の自分は「私を侮辱することによって、相手は浄まっていくのだ」「私と対立することによって相手は満足して、その過去の因縁を消しているのだ」と思うのです。我即神也はすべて愛ですから、相手のいかなる想いも吸収して光に返すのです。だから、傷つくことはないのです。いいですか、そこが大事です。

相手から理不尽な言葉や、自分とは関係のない暴力的な言動を浴びせられても、我即神也は痛まない。なぜなら次元が違うからです。すべてを破壊し尽くすようなエネルギーが自分に向かってくるようだけれど、我即神也の自分は、どんな強い風でもカルマでも病気でも何でも浄めてしまう。それが我即神也ですよ。それなのに、相手のエネルギーと同化して、病原菌を自分のものにして病気になる。相手の低次元レベルの感情に同化してはならないでしょう、それは。同化するのはまだ低次元レベルでしょう。

しかし、皆様はすでに次元が違うのです。皆様が相手に語る言葉は、相手を幸せにする言葉ばかりです。ですから、皆様は幸せになるのです。

語った言葉が未来を創る

皆様はどんどん変わっていくのです。自分の思った通りの人生が開けてきます。必ず開けてきます。

今日から、皆様が口にする言葉は我即神也が語る言葉です。そして相手は人類即神也です。相手のいいところを見て語りかけてください。すると、皆様の周りに平和はキラキラと輝いて、心が平和で満たされます。

皆様の家族は社会の中にいて、未だ自らの欠けたる部分で苦しみや悲しみや嫉妬心を味わっているかもしれません。しかし、皆様方の平和で満たされた心を感じると、家族たちも変わっていくのです。

自分は光そのものの存在である、神そのものの存在である、そのレベルまで皆様はいらした。そして、皆様のこれから語る言葉が神そのものの言葉であれば、本当に一週間後には、それが皆様のチャクラを通して現実に現われてきます。

今までは世界平和の祈りを祈っても、喜びやいいことは五年、十年、二十年かけて現われてきました。しかし、チャクラというものはそうではない。開かれたら一週間後、一ヵ月後には語った言葉が現実に現われます。それが祈っていない人と違うところです。祈っている人と祈っていない人との違いはどこか。五井先生はよく「今に違いが現われる時が来るよ」とおっしゃっていましたが、それがチャクラです。自分の語った言葉は、すべてチャクラを通して現実に現われます。キラキラキラキラと、自分の人生に現われてくるのです。そして現われる前に、ヴェールの向こうに透ける未来を見ることが出来る。「あ、あれがもうじき来るのだ」「あと一週間後に来るな」ということが分かるようになるのです。

皆様は本当に次元が高いのです。私の人生の一番の喜びは、皆様方とともに世界平和を築き上げていくことです。ですから、常に相手が喜ぶような言葉を掛けてください。

自己探求

『白光』二〇〇一年八月号より

愛の力のほとばしり

かつて一度だけ、世界人類を一人残らず、限りなくいとおしみ、抱きすくめたい気持ちにかられたことがあります。そのすべてを超えた愛の力は、我が内にて高められ、凝縮され、宇宙の果てにまで広がっていくようでした。

その時のことは、今でも脳裏に鮮明によみがえってきます。この愛の力は、突然に驚くほど、我が内より溢れ出、爆発しました。この力は神秘にして、聖なる叡智に溢れていました。

そしてそれは、自分の天命に目覚めた瞬間でありました。

内なる神を探求してこそ

世界の平和を築き、人類の幸せを創造することは、人類一人一人に宿っている神性そのもの、神そのものを探求することであって、決して苦悩や不幸や悲劇を探求することではありません。これらの探求は、無益なものです。ですが、それに対して、どれだけの時間が費やされてきたことでしょうか。

人類一人一人に与えられている使命は、自分の内なる神そのものを探求し、認識することのみです。その宇宙神の深い真理を理解し得た時、〝人類は一人残らず、外見や表象、現象はどうであれ、神性そのもの、高貴にして神々しい、光り輝く神そのものである〟と理解できるのです。

それは、決して観念ではなく、理屈でもありません。それを内なる魂そのものが感知した時、自らの抱えている不安や憂い、苦悩や悲しみがすべて消え失せ、今生における人間の存在そのものの計り知れない価値を知るのです。

その時、私はすべての人々が一人残らず、自らの執着や束縛から解き放たれ、内なる神性に目覚め、絶対なる幸せを手にするものであると思えました。

過去の苦悩も悲劇もないのです。人類はみな輝かしい、神秘なる、無限なる光に支配されています。この光は、無限にして叡智に富み、まことに神々しいものです。

運命を決定づけるもの

不幸や苦悩、そして悲劇などは、人間に本来、刻印されているものではありません。人間の魂に刻印されているものはただ一つ、神性そのものです。人生を左右する苦しみや悲しみ、不幸は、誰もが無意識の内に発する否定的想念によって創り出されているに過ぎないのです。

ほとんど無意識に近い、種々さまざまなる感情想念でさえも、自分がいったん心に想い、その想いを外に向けて発するや否や、それが、たとえほんの些細《ささい》な日常生活の想念にしろ、周囲に影響を与えつつ、自らの人生を決めていっているのです。それによって、自分の人生の上に不幸や悲劇や苦悩が現われてくるし、幸せや喜び、平安も訪れてくるのです。

人類一人一人はみな、自らの日常生活を通して発する感情想念そのものが織りなす無数の糸によって、運命が決定づけられていきます。ほんの些細な感情想念の積み重ねが、出来事として現われ、その繰り返しが、これから先の自らの運命の予兆として、はっきりと刻印されていくのです。

このように人類はみな、自らの潜在意識によって運命づけられていると言えるのです。人類の潜在意識は、常に否定的観念に裏づけられています。不安感、不信感、疑惑感……。ただ人間の悪い方面にのみ心が奪われ、引きつけられてしまっています。人間の否定的な暗い方面ばかりに気を取られ、それのみに時間が奪われています。そしてそれ以外のこと、例えば、人間の性善説、神性説、光明説……などは、今でも自分たちとは関わりがない、と思い込んでいるのです。

人類は、自らの天性の崇高な心、神々しい魂、無私の愛の感情などをなかなか素直に受け入れられないし、それらの方面に時間を割くこと自体が皆無に近いという、悲しい性《さが》を持っています。だが、人間一人一人はみな、無垢《むく》なまでに美しく、純粋にして気高き神意識を持つ者なのです。

自己探求こそ最善の道

人間は、何のために生きているのかを探求しなければなりません。前述のように、まず何の探求が最善であるかを考えなければならないのです。

苦悩の探求、悲劇の探求、不幸の探求、挫折の探求、失敗の探求を何回、重ねても、それは無意味です。いや、むしろそれら否定的な方面の探求をしつづけていけばいくほど、自らの想念が否定的カルマや波動に釘づけにされ、その葛藤から脱け出せなくなってしまいます。

これらの探求は、探求するほどのものではありません。人類一人一人が本当に探求しなければならないことは、自己探求です。この自己探求をおろそかにして、自らの運命や人生を善きもの、素晴らしきもの、輝かしきものへと導いていくことは出来ません。

要するに、今生における自分の天命を完うするに当たり、何が生きるための最善なる方法か？　そしてかつまた自らの生命を何のために使い、何のために捧げるのか？　また、己れの生命を捧げるにせよ、何に捧げるのかを決める探求心、判断力、理解力こそ必要であり、尊いことなのです。

自己犠牲は低次の段階

一般に、自らの生命を捧げることは、実に気高い精神、立派な行為として受け入れられています。だがしかし、尊い行為でもある自らの生命を捧げるということに対しても、何のために捧げるかが問題です。

自らの尊い生命、今生における天命を完うすべき崇高な生命を犠牲にするということは、実に格好いい行為ではありますが、いまだ自己探求のプロセスです。

自己探求がずっと深くなり、人間の背後にある神性、神域に到達するならば、自らの尊い生命をただやみくもに、理由も判らずに犠牲にしてしまうという行為は、不本意に思えることでしょう。それは、前生の因縁に振り回された行為だからです。

例えば、ストーカーに狙《ねら》われ、その不安と恐怖のため、身の危険を察知し、咄嗟《とっさ》に自己防衛のため、そのストーカーを殺してしまったとします。以来、人を殺したという強迫観念に心が苛《さいな》まれ、未来のある日、川に溺れている子どもを救い上げるために、自らの身を投げ出し、犠牲的愛を行なってしまう、というようなものです。

人類一人一人は、何のために生きるのかをまず探求してゆかねばならないのです。この例のような自己犠牲の人は、自らの自己探求がいまだ完全に為されていなかったために、前生の因縁、カルマに振り回されてしまったのです。

自己探求が完全に為されていたならば、人類一人一人はみな、前生の因縁におけるカルマを自らの自己探求により、そして、その結果、自らの信念によってカットすることが出来るのです。

しかし、いまだ人類の多くは、自らの生命を捧げようとする行為を立派な美徳として褒めたたえています。確かに、ある自己犠牲は多くの人々に感動と勇気とを与えているのも事実です。しかし、人類はみな、自己犠牲よりも、もっともっと高く、もっともっと神々しく、もっともっと崇高な生き方が出来るのです。

自己探究が進めば、自己犠牲はない

自己探求が完璧に為された人は、絶対なる自己〝我即神也〟を知る者であるゆえ、問題の解決を途中で放棄したり、あきらめたりしません。無限なる叡智、無限なる能力、無限なる直観を高め上げ、引き出し〝我即神也〟の真理により、問題を解決し、しかも、不滅なる無限なる生命を人類に示すことになるのです。そして人類に対して、本来の輝かしい姿、我即神也の真理の生き方を見せるのです。

自己犠牲とは、他のために自らの肉体の死をもって捧げ尽くすことですが、肉体の死をもって称賛されるのであれば、自己犠牲は人類を究極の高さ（我即神也）まで導き、引き上げることはなかなか難しいことです（無限なる可能性！）。かえって、自己犠牲によって人類の到達すべき地点が固定化され、それ以上の奥深くまでは行き着けなくなります。そのため、人類はいつまでも究極の地点、我即神也にまでは行き着けないのです。我即神也、人類即神也に目覚めた人々は、自己犠牲という中途にて止《とど》まることなしに、ひたすら真っ直ぐ、今生における己れの天命の完うすべき目的に向かって歩みつづけている人々です。我即神也、人類即神也への道を究めることこそ、真理そのものを生きていると言えるのです。

自他ともに救われるのが本道

自己犠牲を称賛し過ぎると、多くの無知なる人々が自己を犠牲にすることを目標に生きようという思いに駆られてくるので、一番為すべき自己探求がおろそかになり、自己犠牲の観念を超えてゆけず、中途半端な生で終わってしまいます。

自らの肉体の輝かしい生を完うすることこそ、人類のために捧げ尽くすということです。生きて人類を救済するほうが自らの肉体の死をもって人類のために捧げ尽くすよりもどれだけ難しいか、そしてどれほど尊く、神域に近い生き方であることか……。生をもって己れの人生の価値を証明することは、死をもって己れの人生の価値を証明することよりも、もっと高いハードルを越えなければならないのです。

自分の運命とは、日頃、自分が何を思考し、行為するかによって決まるものでありますから、常に自己犠牲を目標とする人々の思考は、犠牲精神の思考を求めてやまず、常にそのチャンスを狙っているわけです。だから、自分の思った通り、自己犠牲の道を自らの運命に引きつけてしまいます。

確かに自らを捧げることは、実に感動的な行為でありますが、究極の真理を理解せずしての犠牲的行為は、真理の道から外れているのです。

要するに、自らを捧げるという行為は、それをすることによって、自他ともに救済されてこそ、本道なのです。他が救われ、己れが犠牲になることは、本道ではありません。

今生における自分に課せられた天命は、あくまでも自己探求そのものです。自己を深く掘り下げ、自分とは一体何者であるか。何のために生きようとしているのか。どうして今、ここに存在しているのか、などの真理を探求することにより、輪廻転生を超えてゆくことにあります。人類一人一人にみな、自己探求が為されてゆけば、真っしぐらに高みの世界へ、神聖なる世界へ、聖なる世界へと、自らを究め尽くしてゆけるのです。そしてついには我即神也へ行き着くのです。

歴史上、自らの崇高なる生命を、死をもって人類に捧げた神人たちが存在しますが、これは、彼らの天命そのものであって、宇宙神のみ心に沿ったものです。

しかし、一般の人々にとっては、自己犠牲によって、魂が高まり、我即神也へ行き着くことはないのが実状です。

自己犠牲は、苦しみの美しい姿であります。苦しみそのものを自らの人生の目的に置き、その苦しみを自らに引きつけ、自己犠牲を強いる必要は全くないのです。

神のみ心にかなった真の生き方

宇宙神の意志、そして、神々の意図するところは、人類がみな、他の人々の輝かしい生や幸せとともに生きることであり、決して彼らの死や不幸、そして犠牲を踏み台にして生きることではない、ということであります。

親は、子の豊かさ、自由さ、直観、可能性、純粋さ、素直さとともに生きることであり、子は親の生きてきた信念、喜怒哀楽などのさまざまな体験を克服してきた強靭《きょうじん》なる心、無私の深い愛とともに生きることです。親は子の犠牲となってはならないし、かつまた、子は親の犠牲となってもいけないのです。

真に生きるということは、共に幸せ、喜び、真実、真理を探求しつつ、共有することです。そして自己を究め尽くしてゆくことであります。

この生き方は、親子に止《とど》まらず、他の人間関係も全く同じです。

人間は、他人のために生きる以前に、自分自身のために生きなければなりません。そしてまず、自分の生命の尊さ、権威を知らなければならないのです。自己を捧げる以前にまず、自己探求を望まなければならないのであります。

人を救済する前に、自分が救済されてこそ初めて、人を救済することが出来るのです。そしてまた、自分が救済されつづけるためには、人を救済しなければならないのです。人を幸せにする前にまず、自分が幸せにならなければならないのです。自分が幸せでありつづけるためには、人を幸せにしなければならないのです。

それにはまず、己れ自身の真理の探求が為されなければなりません。そして自らが、我即神也そのものであることを知らなければならないのです。我即神也の真理そのものを維持しつづけるためには、人類即神也そのものの行為をしつづけなければならないのです。

このように、人類の究極の目的は、自らの本体をまず知ることです。自らを探求することによって、我即神也の真理に行き着くに至るのです。そしてさらに人類即神也に至ることを知るのです。

本来の自己を知ることなしに自己犠牲が為されるならば、真の救済にはつながりません。なぜならば、人類即神也が理解されてこそ、他が何を真に必要としているかが判るからです。

自らが幸せになれないならば、自分自身に悲しみがもたらされるばかりでなく、人々にも悲しみを与えることになります。子の苦しみは、親の苦しみであり、親の悲しみはまた、子の悲しみでもあります。平和とは、幸せとは、自分一人のみでは決して成り立たないのです。

消えてゆく姿の受け止め方

人生とは、必ず人との関係によって初めて成り立ってゆくものです。一生を通して、自分の前に現われてくる人々とは、その人が善因縁で結ばれているにせよ、かつまた悪因縁で結ばれているにせよ、その現象の受け止め方、受け入れ方によって、人生が大いに左右されてきます。

自分自身の真理への探求、自己探求が進むにつれ、深まるにつれ、すべての善悪を超えて、そして因縁を超えて、人生が見事に華開くものです。

かつての自己探求が為されていなかった時のあの自分は、偏見に満ち、その上、欲望と卑しさと弱さの中で、自分の前に現われるいかなる現象も、不安と恐怖で一杯になり、心して自分のものとして受け止める用意が為されていませんでした。受け止められなければ、その現象は、いったん自分の目の前を消えてゆく姿として現われたとしても、その消えてゆく姿の真意が汲み取られるまで、また繰り返し現われます。消えてゆく姿は、我々に必要な教訓と体験を与えているのです。

その現象は今、自分といかなる関係にあり、いかなる因縁のもとに現われ、お互い何を学び、何を体験し、何を成し遂げようとしているのか……。この消えてゆく姿を通して、双方ともに今の段階を越えなければ意味はないのです。同じ消えてゆく姿にしても、双方とも我即神也の真理に向かって自己探求が為されていたならば、一瞬ですべては消えてしまいます。双方ともに深い真理に、叡智に、高い思考によりすべてを知り尽くし、理解できてしまいます。そして即、真理に向かって双方ともに上昇するのです。

または一方が、すでに真理に透徹し、高く澄み浄まっていった場合、他方が邪悪でいまだ低次元にあったとしても、同じ消えてゆく姿の現象は、低次元レベルのその人を巻き込み、高みへと一緒に昇華させてしまうのです。

このように、自分の一生を通して現われてくる人々は、善人も悪人も、憎き人も愛する人も、敵も味方も、競争相手も、夫も妻も、親も子も、兄弟姉妹も、そして通りすがりの人々もみな、前生の因縁に従って現われてくるのではありますが、自己探求の段階に従って、今の自分に適したように、時・人・場・姿・形を変え、自由自在に引きつけることが出来るのです。

一生の間に、自分が前生で組み立てた計画を避けて通るわけにはいきませんが、自分の受け入れ方次第で、その条件や環境や結果を変えることは充分に可能なことなのです。ですが、それはあくまでも、自己探求がどの程度まで為されているか否かにかかっています。よって、消えてゆく姿の現象の結果も違ってくるのです。

消えてゆく姿の究極の真理は、一生を通して自分に現われてくる、いかなる人も、人類即神也そのものであるということを知らしめているのです。

それらの人々が自分にもたらす苦悩も憤怒も憎しみも、そして不幸も悲劇も、その人々と自分との関係性によって、さまざまな形で創り出されていくのです。

ですから、あくまでもその人の嘘や偽りや罪を見ず、かつまた、それらの人々によってもたらされてくる種々さまざまなる不幸な現象すらも見ず、外見の喜怒哀楽に把われず、内なる真理を探求することのみであります。

自己探求は、自己分析でもなければ、自己を善悪の定規をもって裁くことでもありません。自己探求とは〝汝自身を知れ〟そのものです。そして汝自身とは、いかなるものか。〝我即神也〟そのものであります。

人生とは、自己探求によって我即神也に行き着くための道程です。誰しもが必ず通らなければならない道であり、決して避けては通れない道でもあります。そして、誰しもが必ず行き着かなければならない道なのです。

自己探求を卒業した人の人生

我即神也、人類即神也に行き着くための現象が消えてゆく姿です。ゆえに、我即神也、人類即神也の究極の真理を宣言でき、印を組みつづける人々は、すでに自己探求を卒業した人々と言えるのです。すでに過去のすべて一切は消え、かつまた、これから自分の人生を通して現われる人々も、すべて真理に直結した人々のみを引きつけ、それらの人々と自分とが全く新しい、神としての輝かしい未来の人生を築き上げてゆくのです。

また仮に、今生に生まれる以前の自分が自らの人生を計画し、設定したその結果として、将来、自分の目の前に現われてくる人々がいまだ低次元のレベルであったにせよ、今の自分はいかなる人をも人類即神也の究極の真理へと導き、上昇させてゆく無限なる能力に目覚めさせられているのです。

人生とは、創造です。

人生とは、歓喜です。

人生とは、自他ともに真理に目覚め、究極の真理に行き着くためのプロセスです。これからの人生こそが、我々神人の手によって創造され、築き上げられてゆくのです。自己探求が為され、究極の真理、我即神也・人類即神也が理解されるならば、いかなることも恐れることはありません。現われてくるいかなる現象も、自らの心が、または自分と関わっていく人々がともに創り出していくものですから、人類即神也という、その真理を真にしっかり摑《つか》み、自分のものとするならば、自らの心が決して否定的現象を創り出すことはないのです。そして、かつては自分の心を通し、いかに否定的な現象を創り出していたかに気づくはずです。

新しい現象はすべて、幸せなるもの、平和に満たされるもの、調和に至るもの、すべての人々が喜びに至るものです。それのみを創造してゆくのです。

いかなる体験も一切、批判せず

二〇〇一年、五月二十日、富士聖地にて、神人に新しい真理が降ろされました。

善なる体験も、悪なる体験も、そこに一切の差はない。すべてイコールである……と。人類はみな、体験を通してさまざまな事柄を学びとるものですが、その体験に対して、善なる体験、悪なる体験などと一切の批判や批評や評価を下してはいけない、ということです。

人の体験、自分の体験に対して、何を基準にして善なる体験、悪なる体験と見なすのか……。見なせるわけがありません。なぜならば、たとえ悪なる体験と今、決めつけられたにせよ、その体験を通して人間は、真理を学びとる用意が整うからです。とすると、まさに真理に直結するための体験が、悪の体験であるはずがないのです。

人間は、現われている現象のみ、外見のみの判断で善、悪を決めてかかっています。ですが、果たしてそれが本当に正しい判断であるのか。いや、決してそうではないのです。すべての体験はイコールです。

仮に善なる体験、悪なる体験と勝手に我々が判断を下そうが、すべての体験は必ず真理へと導かれ、真理に行き着くためのプロセスであるからです。

人はいかなる体験に対しても、優劣をつけてはならないし、批判、非難、評価を下してはなりません。ましてや、軽蔑などはもってのほかです。

たとえ自分が善なる人間で、善を誇りに生きていたとしてさえも、いつ他から悪への体験に巻き込まれ、道連れにされるか判らないのです。

人は一生、死ぬ瞬間まで、善悪はつけられないのです。皆、真理の探求、自己探求のプロセスにおいて、さまざまな体験を重ねてゆくからです。

神人が世界に証すべきこと

我々神人たちは、これからの余生、幸せで、平安で、光に包まれた体験のみを重ねてゆくことでしょうが、他の人々のいかなる体験に対しても、決して批判してはなりません。もし心の中にそのような意識が働くならば、いまだ人類即神也の真理に行き着いていない証《あかし》です。ますます自らの心を磨き高め上げ、決して人を差別せず、古き悪しき習慣でもある善悪の判断を超えてゆかねばなりません。

これからの生き方は、まず身近から始まるのです。夫婦や親子、兄弟姉妹、友人知人、その親しき中から究極の真理が息づいてゆかねばなりません。決して観念であってはならないのです。体験として昇華させてゆかなければ、本物ではありません。我々神人から世界の人々に証していかねばならないのです。

決して人を裁かず、
決して人を見下さず、
決して人を責めず、
決して人を批判せず、
決して人を差別せず、
すべての人を人類即神也と見、
すべての人を赦し、
すべての人を抱擁し、
すべての人を受け入れ、

すべての人に感謝し、
すべての人を愛してゆくのである。
人類すべての人々を人類即神也と受け止めることが出来た時、もはや自分の過去の一切の因縁は消滅するのです。

愛の質を限りなく高める

私は、自分の内面で、美しく崇高に光り輝いているものを発見したと同時に、人々の中にも私と全く同じものが存在していることを、観念ではなく実感として体験しました。まず、自分から愛深く、美しく、気高くならなければ、人を高め、豊かに導くことなどとても出来ません。自分の中に輝くもの、素晴らしいもの、豊かなものが何もないならば、何故に人々の素晴らしさや豊かさを解ることが出来ましょうか。

私の心の中は、全人類への愛と畏敬と感謝の念で一杯に満たされています。私が高まれば、同時に人々も高まるのです。人々がさらに究極の高い真理を理解できるのなら、私はもっと高い可能な限り、奥深い真理を今生に引き出すことが出来るのです。

かつて一度だけ、世界人類を一人残らず、限りなくいとおしみ、抱きすくめたい気持ちにかられたことがあります。そのすべてを超えた愛の力は、我が内にあって高められ、凝縮され、宇宙の果てにまで広がっていきました。

私は常に、人類に注ぐ愛の質を限りなく高め上げているのです。それは、同情の愛であってはならないし、憐《あわ》れみの愛であってはならないし、慰めの愛であってもならないのです。

私は、宇宙神よりの光の一筋そのものの、崇高にして気高く、純粋にして混じり気なく、感情想念を超えた、真理すべてを含んだ神の神々しい愛を目指して祈りつづけているのです。

この愛ゆえに、人々は、自己犠牲などの苦しみ、悲しみを超えて、宇宙神の愛に融け込んでゆくのです。

私は二十一世紀に至ってやっと、自己犠牲を含んだ人々の悲しみに対する同情の愛ではなく、憐れみの愛でもなく、助ける愛でもなく、教え導く愛でもなく、ただひたすら純粋にして、絶対無私なる愛に到達するために、世界平和の祈りを祈り、我即神也、人類即神也の印を組みつづけるようになったのであります。

自己探求

参考資料

世界平和の祈り

世界人類が平和でありますように
日本が平和でありますように
私達の天命が完《まっと》うされますように
守護霊様ありがとうございます
守護神様ありがとうございます

人間と真実の生き方

人間は本来、神の分霊《わけみたま》であって、業生《ごうしょう》ではなく、つねに守護霊《しゅごれい》、守護神《しゅごじん》によって守られているものである。

この世のなかのすべての苦悩は、人間の過去世《かこせ》から現在にいたる誤てる想念が、その運命と現われて消えてゆく時に起る姿である。

いかなる苦悩といえど現われれば必ず消えるものであるから、消え去るのであるという強い信念と、今からよくなるのであるという善念を起し、どんな困難のなかにあっても、自分を赦《ゆる》し人を赦し、自分を愛し人を愛す、愛と真《まこと》と赦しの言行をなしつづけてゆくとともに、守護霊、守護神への感謝の心をつねに想い、世界平和の祈りを祈りつづけてゆけば、個人も人類も真の救いを体得出来るものである。

光明思想の言葉

光明思想の言葉には、次のような言葉があります。

無限なる愛
無限なる調和
無限なる平和
無限なる光
無限なる力
無限なる英知
無限なるいのち
無限なる幸福
無限なる繁栄
無限なる富
無限なる供給
無限なる成功
無限なる能力
無限なる可能性
無限なる健康
無限なる快活
無限なるいやし

無限なる新鮮
無限なるさわやか
無限なる活力
無限なる希望
無限なる自由
無限なる創造
無限なるひろがり
無限なる大きさ
無限なる発展
無限なるエネルギー
無限なる感謝
無限なる喜び
無限なる美
無限なる若さ
無限なる善
無限なるまこと
無限なる清らか

無限なる正しさ
無限なる勝利
無限なる勇気
無限なる進歩
無限なる向上
無限なる強さ
無限なる直観
無限なる無邪気
無限なるゆるし
無限なる栄光
無限なる気高さ
無限なる威厳
無限なる恵み
無限なる輝き
無限なる包容力

我即神也《われそくかみなり》（宣言文）

私《わたくし》が語る言葉は、神そのものの言葉であり、私が発する想念は、神そのものの想念であり、私が表わす行為は、神そのものの行為である。

即ち、神の言葉、神の想念、神の行為とは、あふれ出る、無限なる愛、無限なる叡智《えいち》、無限なる歓喜、無限なる幸せ、無限なる感謝、無限なる生命《いのち》、無限なる健康、無限なる光、無限なるエネルギー、無限なるパワー、無限なる成功、無限なる供給……そのものである。それのみである。

故に、我即神也、私は神そのものを語り、念じ、行為するのである。

人が自分を見て、「吾《われ》は神を見たる」と、思わず思わせるだけの自分を磨き高め上げ、神そのものとなるのである。

私を見たものは、即ち神を見たのである。私は光り輝き、人類に、いと高き神の無限なる愛を放ちつづけるのである。

人類即神也《じんるいそくかみなり》（宣言文）

私が語ること、想うこと、表わすことは、すべて人類のことのみ。人類の幸せのみ。人類の平和のみ。人類が真理に目覚めることのみ。

故に、私個に関する一切の言葉、想念、行為に私心なし、自我なし、対立なし。すべては宇宙そのもの、光そのもの、真理そのもの、神の存在そのものなり。

地球上に生ずるいかなる天変地変、環境汚染、飢餓、病気……これらすべて「人類即神也」を顕すためのプロセスなり。

世界中で繰り広げられる戦争、民族紛争、宗教対立……これらも又すべて「人類即神也」を顕すためのプロセスなり。

故に、いかなる地球上の出来事、状況、ニュース、情報に対しても、又、人類の様々なる生き方、想念、行為に対しても、且つ又、小智才覚により神域を汚《けが》してしまっている発明発見に対してさえも、これらすべて「人類即神也」を顕すためのプロセスとして、いかなる批判、非難、評価も下さず、それらに対して何ら一切関知せず。

私は只《ただ》ひたすら人類に対して、神の無限なる愛と赦《ゆる》しと慈しみを与えつづけ、人類すべてが真理に目覚めるその時に至るまで、人類一人一人に代わって「人類即神也」の印を組みつづけるのである。

〈宇宙神―直霊―分霊について〉

第1図

第2図

宇宙神（大神様）は、まず天地に分かれ、その一部の光は、海霊、山霊《やまだま》、木霊《こだま》と呼ばれ、自然界を創造し、活動せしめ、その一部は、動物界を創造し、後の一部の光は、直《ちょく》霊《れい》と呼ばれて、人間界を創造した。（第1図）直霊は、各種の光の波を出し、霊界を創り、各分霊《ぶんれい》となり、各分霊が直霊より分けられた光（心）により創造力を駆使して幽界、肉体界を創造した。その過程において、各分霊は、自ら発した念波の業因《ごういん》の中に、しだいに自己の本性を見失っていった。

そこで、直霊は自己の光を分けて、分霊たちの守護神となし、守護神は、最初に肉体界の創造にあたった分霊たちを、業因縁《ごういんねん》の波から救い上げた。この分霊たちは、守護神に従って、ひきつづき肉体界に働く後輩の分霊たち（子孫）の守護にあたることになった。そして分霊の経験の古いものから、順次、守護霊となり、ついには各人に必ず一人以上の守護霊がつくまでになって、今日に及んでいる。（第2図）

神人（しんじん）養成プロジェクト

一九九九年より「神人養成プロジェクト」が始まりました。

神人とは、真理に目覚めた人（自分も人も本質は神であると自覚し、愛そのもの、調和そのものの想念行為の出来る人、または、そうなるよう努めている人）であり、また、宇宙神の光を自らの身体に受け、地球上に放つことが出来る人です。

現在の地球は、急速に、次元が上昇しつづけ、物質文明から精神文明への過渡期にある、と言われています。宇宙神の計画では、神人が十万人に達すると、さらに強力な光を地球世界に流入させることができ、人類が真理に目覚めはじめ、やがて、この地球上に完全なる平和世界が樹立される、ということです。

このプロジェクトの目的は、神人を十万人つくることにあります。

神人養成プロジェクトに関心がおありの方は、白光真宏会伝道グループ（TEL０５４４－２９－５１０５）までお問い合わせください。

白光真宏会のホームページ（http://www.byakko.or.jp/4_method/shinjin_project.html）でもご覧いただけます。

西園寺昌美（さいおんじ　まさみ）
祈りによる世界平和運動を提唱した故・五井昌久氏の後継者として、〈白光真宏会〉会長に就任。その後、非政治・非宗教のニュートラルな平和活動を推進する目的で設立された〈ワールド ピース プレヤー ソサエティ（国連NGO）〉代表として、世界平和運動を国内はもとより広く海外に展開。1990年12月、ニューヨーク国連本部総会議場で行なった世界各国の平和を祈る行事は、国際的に高い評価を得た。1999年、財団法人〈五井平和財団〉設立にともない、会長に就任。2005年５月、「Symphony of Peace Prayers ～世界平和交響曲　宗教・宗派を超えて共に世界の平和を祈る（SOPP）」を開始。2013年２月には国連総会議場で開催された「United for a Culture of Peace Through Interfaith Harmony（国連総会議長らが主催のセレモニー）」の中で「Symphony of Peace Prayers」が行なわれた。その際、SOPP 提唱者としてスピーチを行ない、多大な賛同を得た。2008年には西園寺裕夫氏（五井平和財団理事長）と共に、インド世界平和賞「哲学者　聖シュリー・ニャーネシュワラー賞2007」を受賞。2010年には「女性リーダーサミット」で第１回目の「サークルアワード」を受賞。ブダペストクラブ名誉会員。世界賢人会議（WWC）メンバー。
『明日はもっと素晴しい』『我即神也』『世界を変える言葉』『人生と選択』（以上、白光出版）『あなたは世界を変えられる（共著）』『もっともっと、幸せに』『無限なる幸せ』（以上、河出書房新社）　など著書多数。

発行所案内：白光（びゃっこう）とは純潔無礙なる澄み清まった光、人間の高い境地から発する光をいう。白光真宏会出版本部は、この白光を自己のものとして働く菩薩心そのものの人間を育てるための出版物を世に送ることをその使命としている。この使命達成の一助として月刊誌『白光』を発行している。

白光真宏会出版本部ホームページ　http://www.byakkopress.ne.jp/
白光真宏会ホームページ　http://www.byakko.or.jp/

果因説――意識の転換で未来は変わる

平成二十四年十一月二十日　初版
平成二十六年　八　月二十日　三版

著　者　西園寺昌美
発行者　平本雅登
発行所　白光真宏会出版本部
〒418-0102　静岡県富士宮市人穴八一二-一
電　話　〇五四四（二九）五一〇九
ＦＡＸ　〇五四四（二九）五一二二
振　替　〇〇一二〇・六・一五一三四八
東京出張所
〒101-0064　東京都千代田区猿楽町二-一-一六　下平ビル四〇一
電　話　〇三（五二八三）五七九八
ＦＡＸ　〇三（五二八三）五七九九

印刷所　株式会社明徳印刷出版社

乱丁・落丁はお取り替えいたします。
定価はカバーに表示してあります。

ISBN978-4-89214-203-1 C0014